高情商的人不講廢話！

真正的高手都這樣說話

低調不失分寸，幽默卻不傷人！
告別尷尬冷場，用有溫度的對話技巧
贏得好人緣與好機會

麗莎 著

不僅提供說話技巧，更強調說話背後的情商
真正的溝通不僅是言語的輸出，更是對他人的尊重與理解
學會有分寸、有溫度地說話
不僅能改善人際關係，還能為自己帶來更多機會！

目錄

前言 ………………………………… 005

第一章　傾聽：
讓所有關係更和諧 ………………… 009

第二章　慎言：
有些話，不說更好 ………………… 043

第三章　暖言：
真正的會說話，是讓人心裡舒服 ……… 069

第四章　禮道：
優雅的談吐，讓人更喜歡你 …………… 097

第五章　沉默：
有時候，無言勝千言 ……………… 127

目錄

第六章　趣言：
幽默的人，自帶魅力光環⋯⋯⋯⋯⋯⋯ 147

第七章　讚技：
10 秒鐘的讚美，直達人心⋯⋯⋯⋯⋯ 177

第八章　勸導：
指正的話，也能說得讓人悅耳⋯⋯⋯⋯ 205

第九章　說服：
如何讓「No」變成「Yes」⋯⋯⋯⋯⋯ 239

前言

　　如何快速判斷一個人水準的高低？

　　這是不少人經常問及的問題，眾所周知，人際互動是一個人一生的必修課，不管是談生意，還是交朋友，我們都會對對方進行一些評估，比如人品如何、修養如何等。若能快速判斷出這個人到底怎麼樣，適不適合認識，適不適合深交，在這個講究效率的年代，可以避免很多不必要的麻煩。

　　據我所知，在「顏值即正義」的今天，一般人秉持的是「相由心生」，習慣從別人的面部表情、五官等方面進行判斷。雖然一個人的外在可以反映內心，面貌也可以揭露出整個的性格特徵，但並不能準確評估出一個人的品格、修養和才能等深層次的東西，正所謂「人不可貌相，海水不可斗量」。

　　人之高低，其實從說話之中最能分辨出來。

　　仔細想想，當你和一個人初識的時候，你腦子裡對這個人的印象通常是怎麼形成的？

　　面對一個陌生人，我們最直接看到的，當然是外表。外表討喜的人，我們對他的感覺當然是比較好的，態度自然也就親近些。但畢竟不是每個人都有足夠「毒辣」的眼睛，單憑對方

前　言

一舉手一投足的動作，就能判斷出這個人人品如何、修養如何。可說話不同，說話展現著你的思想、素養和眼界，你必然能從這場交談中確定一件事──你是否喜歡這個人，是否願意和他繼續相處下去。

某購物中心裡，一對戀人正在購物。男士不小心撞了女士一下，女士大吼：「你要撞死我嗎？」

聽到這樣的話，你覺得這是怎樣一個女人？很明顯，我們會認為這是個性格急躁的女人。

如果女士說：「哎呀，你撞到我了啦。」很明顯這是一個會撒嬌的小女生；如果女士開玩笑地說：「你再撞一下我就散掉了。」這是個幽默的女人。由此可見，一個人說什麼樣的話，決定了在別人心裡就是什麼樣的人。

也就是說，說話不僅是一種強而有力的溝通工具，更是一張個人形象的「活名片」。我們說的話，什麼內容、哪種風格，直接展現了我們的個人教養和修養，塑造了我們的公共形象。我們用說話表達自己的思想內涵，而別人則透過我們的話語來判定我們是什麼樣的人，並決定我們的成敗。

你說話口無遮攔，你就是個粗魯沒禮貌的人；你說話體貼周到，你就是個善良又溫和的人；你說話彬彬有禮，你就是個文雅有內涵的人……

話大家都會說，怎樣才算會說話？有太多人以為愛說話就

是會說話，殊不知你的滔滔不絕，在別人的耳朵裡可能是聒噪不自知，你以為的「妙語」也可能暗藏禍端。

　　說話是一門藝術，更是一種能力。少說話是教養，會說話是修養。

　　能說話的人，不見得有多愛說話，他們會認真傾聽，不會隨意打斷別人的話；聽到他人議人是非時，他們不會加入湊熱鬧，而是笑而不語；會說話的人，與人理論的時候，不會咄咄逼人，而是有理有據，讓人信服；責罵別人的時候，用詞十分委婉，不會強硬又直接，傷害他人自尊⋯⋯和這樣的人交談，往往給予人相見恨晚、如沐春風之感，他們走到哪裡都是祥和歡樂的景象。

　　如何領略說話精髓，悟透說話之道，在眾人中脫穎而出？如何根據不同的情境選擇最有效的溝通技巧？如何讓對方不知不覺地被說服？透過對數百人的真實案例進行研究以及自身職業生涯中多年的體驗和感悟，我總結出了一套具體詳細、容易實踐、效果明顯、適合任何人的說話技巧，它不僅可以讓你快速提高自身說話水準，還能更好地展現自身魅力，左右逢源，無往不利。

　　說出來的話，只是冰山露出海面的一角，海面以下是長年累月的慢慢累積。世界是不公平的，好在有些事情依靠努力就能改變，說話就算一個。

前言

　　我們是不完美的，好在可以藉助學習逐步提升自己，說話就算一個。

　　從今天起，好好說話吧。為了向眾人表達自己，到底是個什麼樣的人。

第一章　傾聽：
讓所有關係更和諧

　　理想的人際關係，建立在相互交流思想的基礎之上。我們在表達自己的時候，也應該為對方留有發聲的餘地。不管對方是什麼人，說什麼，要認真地去傾聽，用心地去體會。讓對方獲得人格的尊重、情感的滿足和信任的回報，這表現著一個人的素養與修養。

第一章　傾聽：讓所有關係更和諧

交談是否投機，關鍵在於傾聽

「人有兩隻耳朵，兩隻眼睛，為什麼卻只有一張嘴？」這是兒子幾年前問及的一個問題。

當時兒子正處於「十萬個為什麼」階段，小腦袋瓜「靈光一現」，就會蹦出一個個問題來。我常常被問到詞窮，不知該怎麼回答。但好在再難以回答的問題我也不會敷衍或迴避，便跟兒子說：「哇，寶寶真棒，你怎麼發現這個問題的？不過我也不知道為什麼，我們一起來找答案好嗎？」

這些年，我終於找到了答案。上帝給了我們每個人兩隻耳朵一張嘴，就是在告訴我們，要學會少說多聽。比如，在與兒子的相處過程中，我發現，父母只有學會傾聽孩子的心裡話，知道孩子想什麼、關心什麼和需要什麼，才能有所針對地給予孩子關心和幫助，才會使以後的溝通變得更容易。

在人際互動中更是如此，我們常說「酒逢知己千杯少，話不投機半句多」，想要和一個人愉快地交談，投不投機是關鍵。而投不投機，主要取決於你會不會傾聽。也就是說，一個人只有懂得傾聽別人說話，才能明白對方的喜好，對什麼話題感興趣。一旦抓住了這些重點，接下來的話怎能不投機？

步入社會這些年，在我身邊有很多事業有成的人，他們尚未成就自身事業以前，家庭背景不見得多好，學歷也不見得多

高,也不見得多會說話,那麼,他們靠的是什麼呢?據我觀察,就在於他們能好好地傾聽別人說話。

我的朋友阿坤身高只有 164 公分,又黑又瘦,其貌不揚,走在人群裡,沒有人會注意到他,但他連續五年成為所在公司的銷售冠軍。阿坤一直被認為是個談話高手,因為他似乎和任何人都能愉快地交談,不論對方是什麼樣的性格,從事什麼樣的行業。對於阿坤來說,這世上似乎就沒有他撬不開的嘴。

在公司舉辦的學習交流大會上,阿坤被邀請作為主講人,向其他同事和後輩們傳授他的推銷技巧。當阿坤提到「一次成功的推銷,關鍵就在於你能否與客戶展開一場愉快而融洽的交談」時,一位年輕人沮喪地哀嘆道:「我們接觸的客戶那麼多,怎麼可能和每個人都愉快地交談,那得是多麼博學的人才能做得到的!」

聽到這位年輕人的話,阿坤微笑著說道:「事實上,你不需要有多麼博學,你所需要的,只是一雙願意傾聽的耳朵。」

接著,阿坤向大家分享了自己的一次推銷經歷:

有一天,我推銷的產品是一款蘆薈精,而我的目標客戶是一個家庭的女主人。當時,那位女主人對我的產品沒有表現出多大興趣,事實上,她看起來有一些不耐煩,我認為下一刻我或許就要被掃地出門了。當時我就在想,我該怎麼讓自己可以繼續留下,讓這位女主人不要急著趕我走呢?

第一章　傾聽：讓所有關係更和諧

就在那時，我突然注意到了陽臺上一盆非常漂亮的盆栽植物，那植物長得極好了，就連栽種它的花盆都能看出是精心挑選過的。我想，那一定是女主人非常珍愛的東西，否則不會花那麼多心思去照料。認識我的人都清楚，我對花草是一竅不通的，並且也沒有多大興趣。但我還是興致勃勃地看著那盆漂亮的植物讚嘆道：「哇！這個盆栽可真漂亮，而且長勢喜人！平時似乎很難見到。」

聽到我的讚嘆，女主人得意地彎起了嘴角：「是的，這確實是非常罕見的品種，而且極難養活。它的名字叫做嘉德麗亞，是蘭花的一種。它確實美極了，優雅迷人。」

「是的，真是太美了！」我繼續讚嘆著，「這樣罕見的品種，恐怕也不便宜吧？」

女主人點點頭：「是的，就這個寶貝傢伙，花了我整整40,000元哪！」

「40,000元？天哪，真是個天價！」我這回是真的有些驚訝了，「照顧它一定很辛苦吧？每天都要澆水嗎？」

「是的，它是個相當嬌弱的品種，每天都需要精心的照顧……」女主人興致勃勃地開始向我說明，應該如何照顧這盆花，到後來甚至恨不得把所有她熟知的與蘭花相關的知識都對我傾囊相授。

我們就這樣談論了一整個下午，是的，你們沒想錯，就是談論那些花花草草。抱歉的是，我在這方面確實沒有什麼天

賦，已經無法將她說的那些知識再複述一遍了。等我準備告別離開的時候，那位女主人買下了我的蘆薈精，並且對我說道：「今天過得真是愉快，真是太感謝你了，願意並且有興趣聽我說這麼多話，要知道，即使是我先生，也沒有耐性聽我嘀嘀咕咕這麼多。總之，希望下次還能見到你，我願意和你談論更多我知道的東西！」

阿坤總結道：「在花花草草方面我絕對是個外行人，我無法認清楚蘭花的品種，也根本不知道應該怎樣去照顧一盆嬌弱的蘭花。可是你瞧，我卻和那位女主人談論了整整一個下午。雖然幾乎都是她在說，而我唯一做的，就是認真並且充滿熱情地去傾聽她的每一句話。一場愉快而融洽的交談有時就是這麼簡單。」

當我第一次聽到這個故事時，覺得難以置信：「傾聽，真有這麼神奇嗎？」「這不是神奇，而是人性如此」，阿坤繼續解釋道，「每個人都有說話的欲望，都希望自己說的話能得到別人的回應與重視。專心地聽別人講話，是一種最好的尊敬和恭維，能更快地贏得別人的喜歡。不管說話者是上司、下屬、親人或者朋友，或者是其他人，傾聽的功效都是同樣的。」

阿坤只是扮演了一個好的傾聽者，就順利地贏得了客戶的信任與好感。相反，生活中有些人只知道表達自己，而不懂得如何傾聽。我就曾遇到過這樣的朋友，一次同學聚會上，一位朋友因春風得意，只顧自己絮絮叨叨說個不停，根本不給別人

第一章　傾聽：讓所有關係更和諧

說話的空隙，絲毫不顧及其他人感受。他不僅失去了基本的修養，而且聽的人感覺很煩躁，甚至覺得他只是在自吹自擂。

不信的話你可以回想一下，在你認識的所有人中，或者你所能記得的所有談話對象裡，有沒有那種一張開嘴說話就滔滔不絕、沒完沒了的人？再回想一下你們所有交談過的場景，當他嘴巴一刻不停地自說自話，耳朵卻從不曾為你打開，也不曾關心你的想法時，你會覺得這場談話有絲毫的愉快可言嗎？

傾聽是良好溝通的開始，這不僅是因為傾聽能幫助你更好、更快地了解你的談話對象，更是因為傾聽是對他人的一種尊重和重視。一個願意傾聽並且樂於傾聽他人說話的人，無論之於誰而言，都會是一個理想的談話對象。所以，想要締造一場愉快而融洽的談話，建議你先從學會傾聽開始！

好的關係來自「我願意聽你說」

說到傾聽，我永遠忘不掉十年前我正式進入職場的情景。

第一天上班，我很興奮，也很緊張。被介紹和同事們認識之後，上司將我帶到經理辦公室。經理 Rose 女士看上去精明幹練，卻十分親切。待我進行了簡單地自我介紹之後，Rose 微笑著問：「你還想說點什麼？」我想了想，問及工作的具體事

項。Rose 用幾句話解釋之後，繼續問：「你還想說點什麼？」接下來，我又提及了公司的培訓和晉升制度。「你還想說點什麼？」Rose 又問。當時我內心變得更加忐忑不安，不知道主管一直這樣問是什麼意思，乃至說出來的話有些不太順暢。

也許是看出了我的窘態，Rose 微笑著說：「不著急，慢慢說，我話不多，但是願意聽你說，以後的工作中也是一樣。大家都知道，我辦公室的門每天都是開著的，只要你們想進來談談，隨時都可以。」

再後來我得知，Rose 是這樣說的，也是這樣做的。在工作中，她說得少，聽得多，而且傾聽時總是很有耐心，如此便創造了一個良好的交流氛圍，使我們能在輕鬆的氣氛中暢所欲言。她善於傾聽我們的意見和心聲，為此也贏得了我們的喜愛和支持，使整個部門的工作進展順利，業績突飛猛進。

這是公司為我上的第一節課，傾聽課。雖然事情已經過去十年了，但我永遠都忘不掉，也不想忘掉，因為這個故事一直鞭策著我，鼓勵著我。

記得有這樣一句話：「傾聽是我們撫愛別人的最好方式。」

要成為一個好的傾聽者，體諒與耐心是基礎。這其中的道理其實很簡單，作為傾聽者，如果缺乏耐心和體諒，那麼就很難發自內心地去感受對方說話時所蘊含的情感因素，以及情緒的起伏變化，而一旦缺失了這些東西，語言所表現的含義就會

第一章　傾聽：讓所有關係更和諧

失去一大部分，我們也就很難精準地接收到對方所想要傳達的資訊，交談就很難再進行下去，甚至可能讓說話方陷入自說自話的尷尬境地。

任何一份親密關係，均始於良好的傾聽。好的關係，就是「我願意聽你說」。

從大學時期，浩子就開始追求我們的校花——蘇依，無奈「落花有意，流水無情」。畢業之後，不肯死心的浩子放棄家裡安排好的「鐵飯碗」，跟隨蘇依的腳步來到大城市，並租住在離蘇依公司很近的一所公寓。他每天定時向蘇依發送天氣預報和笑話，想方設法哄她開心；蘇依說餓了，浩子會跑八條街買她最愛吃的提拉米蘇；蘇依想要最新的iPhone，浩子吃了一個月的泡麵省錢買給她……皇天不負苦心人，三年後蘇依終於接受了浩子的苦苦追求。我們都以為，浩子和蘇依應該能順順利利地步入婚姻殿堂，誰知兩人相處了兩個月就結束了，而且還是浩子主動提出的。

「你追求蘇依那麼久，怎麼主動提了分手？」得知消息後，大家都對浩子的做法難以理解，接下來浩子對我們講述了期間的故事。

這天下班後，浩子開著新買的白色汽車去找蘇依。一路上，他不時伸手摸摸胸口口袋裡那個硬硬的盒子，裡面是他兩天前剛買的一枚鑽戒，那是蘇依最喜歡的款式，他存了幾個月的薪資才買下的，今天是蘇依二十五歲的生日，他準備做一件

非常重要的事情——求婚,他決定要照顧她一生一世。

那天剛剛下過一場雪,道路溼滑,前面的一輛公車突然打滑了,浩子嚇了一跳,趕緊轉動方向盤,汽車卻衝向了路旁的人行道。頓時,浩子感到一陣痛楚襲來:「為什麼我不早一點向蘇依求婚!」他無比懊惱地閉上眼睛,把戒指揣在胸口,那一刻腦海中除了對父母的不捨,更多的是對蘇依的愧疚,他多希望能親手把這戒指給她戴上⋯⋯

不知過了多久,浩子被警察叫醒了。到醫院檢查身體後,浩子得知自己只是腿部被劃傷了,其他地方並無大礙,他彷彿獲得到了新生一般狂喜,堅持要馬上離開醫院。

出了醫院,浩子直奔蘇依的住處,蘇依邀請了幾個朋友,並且已經準備了好吃的好喝的,準備小聚一下。浩子見到蘇依,激動得眼淚都出來了,他有一肚子的話要對蘇依說,劫後餘生的狂喜,讓他迫不及待地要向蘇依表白心意。可是忙著跟朋友一起慶祝的蘇依卻聽得心不在焉,她見浩子此刻就安全地站在眼前,沒有把浩子口中的車禍當回事,甚至埋怨浩子絮絮叨叨一個勁地說這些事情掃了大家聚會的興致。

浩子很快就感受到了自說自話的尷尬,沒人願意分享他死裡逃生的喜悅,甚至是蘇依,他既失落又憤怒:「難道一切都是自己一廂情願的錯覺嗎?難道我的生命比起你的生日聚會來根本不值一提嗎?」浩子越想越失望,收起那枚求婚鑽戒,轉身離開了⋯⋯

第一章　傾聽：讓所有關係更和諧

　　有人質疑浩子的做法，覺得「這就是得不到的才是最好的，得到了就什麼都不是。傾聽，有那麼重要嗎？」據我深知，浩子的選擇非常睿智。你永遠不知道在你看不見的地方，對方究竟經歷了什麼，感受了什麼。用一顆體諒的心去傾聽，耐心傾聽對方心裡的聲音，才是一種真正的尊重和在乎。

　　我可以肯定地說，假如浩子在蘇依面前得到的是充滿關切和耐心的傾聽，而不是敷衍和不耐煩的拒絕，那麼他們兩人的情感發展一定會是截然不同的走向。

　　交談是說與聽的互動，一方願意說，另一方耐心聽，交談才能愉快地進行下去。在這個過程中，聽就是說的動力，你願意認真、耐心地去傾聽，對方才會覺得受到尊重，並且願意進一步繼續和你交談下去。相反，如果你表現出來的是敷衍和拒絕，那麼對方自然也就不會再與你繼續交談了。

　　大多數的人找人聊天，無非就是渴望找到願意傾聽自己宣洩內心不快和委屈的對象，找到願意聽自己說話並且能理解自己的人。當有人想表達自己時，你給過這樣的機會嗎？

　　「用一句話歸納，我在人際關係方面學到了一個最重要的原則，那就是 —— 知彼知己。首先尋求去了解對方，然後再爭取讓對方了解自己。這一原則是進行有效人際交流的關鍵。」在《與成功有約：高效能人士的七個習慣》(*The 7 Habits of Highly Effective People*) 第八章，史蒂芬柯維 (Stephen R.

Covey）開宗明義地說出了這句話，先知彼，後解己，這一點說的是方法。

當你願意犧牲時間、拿出足夠的耐心去傾聽，傾聽對方壓抑的深情，生活中的喜悅，工作上的困頓，甚至個人的祕密等，即使有些內容是你不想聽的，也給予充分的包容和體諒。相信，對方一定會心存感激，給予你更多的信任和依賴。你也會感覺到兩人的距離拉近了，有種心貼心的溫暖。

說話要慢慢聽，別急於下結論

美國有位著名的主持人，叫林克萊特（Linklater），這天他正在主持一期以「孩子的夢想」為主題的節目，在節目中他問一個小男孩：「你長大後想做什麼？」

「我要當飛機駕駛員。」小男孩仰著頭回答，眼神裡充滿著期望。

「為什麼？」

「我很喜歡飛機，我喜歡看飛機在天上飛來飛去。」

林克萊特想逗一逗小男孩，接著問：「如果有一天，你駕駛的飛機在太平洋上空飛行到一半的時候，燃油耗盡了，你怎麼辦？」

第一章　傾聽：讓所有關係更和諧

小男孩想了想，回答說：「我會告訴坐飛機的人綁好安全帶。」

「哦，你真是一個聰明的孩子。接下來，你要做什麼呢？」林克萊特接著問道。

「我會揹著降落傘跳下去。」小男孩挺了挺小胸膛說。

聽到小男孩的回答，現場觀眾開始哄堂大笑，認為這個孩子在生死關頭只顧著自己跳傘逃命，已經喪失了美好純真的心靈。

林克萊特發現小男孩在那低著頭一副很委屈的樣子，他想知道這個小傢伙究竟是怎麼想的，便問道：「為什麼你要一個人先跳出去呢？」

「我跳下去拿了一桶燃油，我還會回來的！」小男孩一臉認真地說。

此時，眾人都沉默了，即使以口才出眾著稱的主持人林克萊特，也接不上話了。

這個故事是我幾年前在一堂溝通課上聽到的，說的是，在傾聽別人的時候我們總是習慣對自己看到或聽到的事情立刻做出結論，而導致有失偏頗。

在這裡，我要提醒大家，別人打定主意與你談點什麼時，最大的希望是讓你了解他的意思。此時，倘若你沒弄明白原因就主觀臆斷，不問青紅皂白就下結論，因為真相不明，容易造成自以為是，而實際上事情與你想的南轅北轍。這樣勢必不能

順暢交流，容易造成誤會，產生隔閡，傷害感情，影響關係。

我以前帶過一個剛畢業的大學生，叫小軍。一段時間，小軍的工作進展很不順利，我讓他著重發展一位重要客戶，他卻因手頭資訊掌握得不夠，敗給了另一家競爭公司，客戶被對方搶走了。得知情況後，我將小軍叫到了辦公室，說道：「你這段時間狀態不好，有沒有總結過原因？」

我深知年輕人承受能力差，語言上盡量地委婉，但一聽這話，小軍身體明顯地抖動了一下，並立即說道：「這段時間我一直很努力，我做了很多的工作，沒想到還是失敗了，還是得不到您的認可。既然如此，我決定辭職。」

我有些詫異，解釋說：「我只是讓你總結一下經驗，了解一下自己的錯誤。」

「是」，小軍的情緒有些激動，「這個客戶一直很難搞，當初您卻偏偏給了我，不是我說，您這分明是在有意為難我。」

「是嗎？你一直是這樣以為的？」我反問道，「如果是這樣的話，那我同意你辭職。」

就這樣，小軍辭職了。其實小軍不知道，我一直很看好他的能力，當初之所以把這個重要客戶安排給他，是為了鍛鍊一下他，然後找機會提拔他。有人問我為什麼不把真相告訴小軍，如果當時說清楚，不就能避免那場爭吵了嗎？但既然他在心裡已經認定是我在有意為難，那我還有什麼好說的？

第一章　傾聽：讓所有關係更和諧

　　看到了吧，結論是交談的終結點——當你對某件事情下了結論之後，別人也就失去了再與你探討或溝通的欲望。

　　馬克吐溫（Mark Twain）說：「讓我們陷入困境的，並不是無知，而是真相並不像我們以為的那樣。」對此，我深以為然。交談是一種雙向的互動關係，在這個過程中，不輕易判斷，不妄下結論，不憑主觀想像，讓事實說話，讓人把話說清，把話說完，多聽聽，多想想，再談你的看法，這樣才能實現暢通交談。

　　如果有人對你說，他的汽車對香草冰淇淋過敏。你會怎麼想？相信大多數人肯定感到不可思議，認為對方明顯是在瞎說，可這個「過敏」事件是一則真實故事，就發生在美國通用汽車的客戶與該公司客服部間。

　　有一天，美國通用汽車公司收到一封客戶投訴信，該客戶在信中說：「我們家有一個傳統的習慣，就是我們每天在吃完晚餐後，都會以冰淇淋來當我們的飯後甜點。你知道嗎？每當我買的冰淇淋是香草口味時，我從店裡出來，我的龐帝克車就發不動。但如果我買的是其他的口味，車子發動起來就很順利。我猜想，我的汽車對香草口味有些過敏，我希望你們能盡快解決這一問題。」

　　這封不可思議的投訴信立即引來了服務人員的調侃：「什麼？汽車對香草冰淇淋過敏？這真是荒唐。」「這人明顯找錯

了對象，他應該去看看心理醫生。」「我們不妨查查地址，或許這封投訴信是從瘋人院裡寄來的。」「說不定，這是有人惡作劇罷了」⋯⋯儘管通用公司的總經理也對這封信的真實性心存懷疑，但他沒有擅自下結論，而是派了一位辦事嚴謹的工程師前去處理。

接下來，這名工程師按照地址找到了這名客戶，之後他每天晚上陪同客戶用完晚餐後便驅車前往冰淇淋店。第一晚，他們購買了巧克力冰淇淋，車子沒事。第二晚，他們購買了草莓冰淇淋，車子也沒事。第三個晚上，他們購買了香草冰淇淋，車子果然發動不了。看來，投訴者反映的「荒唐」問題一點也不荒唐。

但是為什麼會這樣？這名工程師記下每次購買冰淇淋的詳細資料，如汽車經過的路線、使用汽油的種類、車子開出和開回的時間等。根據資料顯示，他發現，這位客戶買香草冰淇淋所花的時間比其他口味的要少。原來，香草冰淇淋是在這家冰淇淋店最暢銷的口味，店家總是提前將香草冰淇淋做好，陳列在店前單獨的冰箱裡，這樣顧客來了就可以快速拿取。也就是說，因為停車時間短，汽車不能再次發動。接下來，工程師發現問題出在引擎上。當顧客買其他口味冰淇淋時，由於購買時間較長，引擎有足夠時間散熱，重新發動通常不會出現問題。但買香草口味時，由於時間較短，引擎沒有足夠的時間散熱，就會導致「氣阻」，這都是散熱不暢惹的禍。

第一章　傾聽：讓所有關係更和諧

發現了汽車對香草冰淇淋「過敏」的真相後，這位工程師立即向公司反映，設計部門迅速進行技術改進，彌補了散熱裝置的缺陷，解決了氣阻現象。不久，通用汽車公司都用上了隨時能重新發動引擎的散熱裝置。從此，龐帝克車對香草冰淇淋再也不「過敏」了，這個看似荒唐的投訴案得到了圓滿解決。

即使有些問題聽起來真的很瘋狂或無厘頭，但有時候它還是真的存在，背後有其必然性。不要輕易下結論，認真調查，分析再做決定，誰能發現和解決這些問題，誰就贏得了發展先機。如果我們直接反映說不可能，或者根據自己主觀判斷輕易下結論，很可能錯失一次次溝通良機。

正是因為明白這點，在傾聽別人的過程中，我會提醒自己，多用心去傾聽別人怎麼說，不要輕易打斷對方，不要急於下結論。尤其是在主持會議時，我總是讓人把話說清楚，把話說完，再談自己的看法，這讓我能更全面地了解大家的想法，然後針對重點採取相應措施，避免工作上的盲目性。

傾聽，不只是單純「聽見」而已

同事陳墨近來總是一副愁眉苦臉的樣子，工作時也看起來無精打采。看到他這種狀況，我再三追問才得知他和妻子的婚姻亮起了「紅燈」，兩人正在辦理離婚手續。

原來，在教育孩子的問題上，陳墨的妻子和母親有很多不一樣的看法，為此兩人經常鬧出矛盾。為此，私底下妻子常常和陳墨抱怨，有時還會用責備、挖苦的語氣說他的母親。儘管母親有些地方確實做得不好，但陳墨也覺得妻子不夠體諒老人，因此，關於妻子的埋怨，他都是處於不回應的狀態。

「你好好聽我說行不行？」「嗯嗯。」

「可你明明一直在玩手機。」「我在聽。」

「那我剛剛說什麼了？」

「我真的在聽，你還想怎樣？」

「我就知道，你現在一點也不在乎我！」

……

「我明明一直在傾聽，她為什麼還是不滿意？」對此，陳墨深感委屈。

顯而易見，陳墨選擇以一種躲避的方式處置妻子的埋怨，而不是坐下來好好地和妻子溝通。在他們的相處過程當中，儘管他做到了傾聽，但沒有給予妻子充足的注意力，沒有及時地回應妻子，這才讓妻子認為自己不被在乎，兩顆心不是靠在一起的，慢慢地他們的婚姻自然亮起「紅燈」。

每個人都能傾聽，只要我們耳朵沒有毛病。在人際互動中，我們不少人也確實花了大部分的時間和精力去聽，但聽見對方的聲音就是傾聽嗎？心不在焉地聽別人講話是傾聽嗎？隨

第一章　傾聽：讓所有關係更和諧

聲附和「嗯嗯啊啊」的回應，這是傾聽嗎？

我會毫不猶豫地回答──當然不是。

中醫看病，講究望、聞、問、切，先觀察病人的面色，再用耳朵聽病人的聲音，用鼻子聞病人的味道，然後再詢問病人的病情，最後才是診脈來下判斷病人究竟患了什麼病症。之所以需要這樣繁複的診斷，是因為很多病症在某些方面都會有相似之處，只根據片面的狀況，是很難精準判定病人病情的。

我們傾聽別人說話，其實跟醫生診治病人有著異曲同工的地方。雖說傾聽看上去是一種最省力，最不費口舌的溝通方式，但除了要傾聽對方說話之外，我們還得學會觀察對方的表情和各種動作，這樣才更容易在傾聽中理解對方的觀點，掌握對方的心理，抓住有用資訊，明白對方表達的重點。

「我明明在傾聽，為什麼效果不理想？」這是不少人經常問及的問題，這時我會讓對方寫一寫「聽」字。這個「聽」字很有意思，各部分的含義是：耳──用耳朵去聽；王──說者為王；十──頭要正，態度要端正；四──代表眼睛，眼睛要看著對方；一──一顆平穩的心；心──專心、用心。

可以看出，傾聽不僅要用耳朵，還要用眼睛和心。這也就是說，傾聽不同於一般的聽或聽見，傾聽別人說話時不僅要注意說話內容，而且要保持良好的精神狀態，全神貫注，聚精會

神。善於運用微笑、點頭、提問題等，及時給予對方回應，這會讓對方感到你在傾聽他說話，你理解他所說的話，這會讓人留下知書達理的好印象，交談氣氛會更加融洽，有助於進一步的溝通。

我的朋友陳虹從小性格內向、不善言辭，以前在學校的時候還不覺得怎麼樣，但自從步入社會，這一個性格「短處」極大地限制了她的發展，成了她的「心頭病」。陳虹也曾努力調整自己的性格，逼迫自己「假裝」成一個善於言辭的人，反倒弄出幾分畫虎不成反類犬的尷尬。後來，陳虹了解到傾聽的重要性，開始試著傾聽別人，卻依然沒有明顯改善人際互動狀況。

在陳虹心灰意冷的時候，我向她推薦一位教授高女士。高女士是個非常溫和文靜的人，也不喜歡多說話，她只是善於傾聽，只要是認識她的人，幾乎都非常喜歡和她聊天，對於這點，我個人深有感觸。和高女士聊天好像真的有一種魔力似的，讓人有一種一吐為快的舒暢和愉悅。

在得知了陳虹心中的困擾之後，高女士邀請她晚上和自己一塊去參加一個聚會，並告訴陳虹，讓她跟在自己身邊，看一看自己在聚會上的表現。

晚上的聚會是高女士的一個朋友發起的，那位朋友剛從法國巴黎旅行回來。朋友見到高女士非常開心，興沖沖地談起這次旅行：「巴黎簡直是人間天堂，浪漫的巴黎聖母院、莊嚴的

第一章　傾聽：讓所有關係更和諧

凱旋門、神祕的羅浮宮，還有充滿時尚氣息的香榭麗舍大道。走在塞納河畔，在路邊慢慢品一杯咖啡，簡直太愜意了！」

「哇，說得我都心動了，」高女士目光專注而柔和地看著朋友，「你一定非常開心。」

「是的，開心極了。」這位朋友掩飾不住興奮。

高女士笑著，輕輕拍著朋友的肩：「高中時我們一起看了一部法國電影，我記得那時你就說希望有天能去法國看看，這回總算是夢想成真啦！真好。要不你和我們說說吧，你這趟旅行都遇到了些什麼事！」

接下來，這位朋友開始興致勃勃地講述著自己旅行時的趣事，而高女士呢，只在一邊認真聽著，不時附和幾句，再感嘆一番，滿眼都是羨慕。那場聚會就這樣在賓主盡歡中結束了，那位朋友說得興致勃勃，其他人也聽得津津有味。臨走時，朋友還戀戀不捨地和高女士約定了下一次相聚的時間！

聚會結束後，高女士問陳虹：「你不善言辭不要緊，你可以讓自己成為一個好的傾聽者。怎麼樣？還能回憶起我是怎麼傾聽的嗎？」

陳虹頓了頓，仔細回想，這才發現，在整個談話過程中，高女士一直在非常專注地傾聽，而且不時地用微笑、點頭、提問題等給予對方回應，而這傳遞的是一種肯定、信任、關心乃至鼓勵的訊息，能讓說話者感到被尊重、被重視、被在乎，最終有助於雙方的相互溝通。

我們都有這樣的經驗，當你說話時，如果聽者一副愛理不理、漫不經心的樣子，那麼你的談興會驟然大減：「看這個樣子，他根本沒聽進去，算了。」於是，一場談話只能半途而廢。相反，如果你的聽眾聚精會神地聽你說話，邊聽邊點頭，並不斷地積極回應你，你的心情肯定大不一樣：「他對我說的事很有興趣，我還可以多說些。」、「我終於找到了一個傾訴的機會。」、「他能理解我，他是一個值得結交的人。」彼此心靈間的交流使雙方的感情距離縮短了，話題會源源不斷地湧出。

這一點，希望陳虹早些明白，早些受益。

最好的安慰，就是耐心傾聽

劉婷是一個性格直爽、心直口快的女孩。前一陣子，劉婷的姐妹田蓉閃婚了，嫁給一個才認識三個月的男子，據說是某公司的部門經理。劉婷勸過田蓉無數次，讓她不要衝動，畢竟結婚可是終身大事。田蓉卻一心沉浸於愛情之中，哪裡聽得進別人的意見，火速把婚禮辦了。可沒想到，度蜜月回來還不到一個月，劉婷就接到了田蓉的電話，電話那頭的田蓉一邊哭一邊控訴新婚丈夫的種種「罪行」——說對方婚前婚後根本不是同一個樣，婚前對自己百般體貼，婚後卻只知道忙工作，家事什麼都不做；說婆婆凡事總喜歡壓自己一頭，丈夫也不站在

第一章　傾聽：讓所有關係更和諧

自己一邊；說自己後悔當初不聽劉婷勸告，急急忙忙地就把自己嫁了……結果，田蓉是越說越傷心。

作為姐妹，劉婷自然是站在田蓉這一邊的，尤其從一開始，劉婷就覺得田蓉這婚結得太輕率了，有了這種先入為主的印象，劉婷自然覺得千錯萬錯都是他倆閃婚的錯。秉著對朋友婚姻負責的原則，劉婷立刻打斷田蓉的哭訴，苦口婆心地開導田蓉：「你當初不聽我的話，現在後悔有什麼用。如果你覺得這日子實在過不下去，你就和他離婚吧！早點離婚，你還有機會找一個……」結果沒想到，劉婷這句話還沒說完，田蓉直接掛了她的電話。

好心對人勸說，卻落得如此對待。劉婷有些不高興，自己好心開導，田蓉卻不領情。沒想到劉婷打電話時說的話都讓同事老李聽到了，老李對劉婷說道：「小劉，你這樣勸說人家肯定會生氣。古人曾說『寧拆一座廟，不毀一樁婚』你的朋友選擇閃婚不一定就是錯的，走進婚姻後的夫妻兩人在生活中肯定會有一些摩擦。她只是沒有處理好問題，心情鬱悶，需要發洩，所以打電話對你傾訴時情緒激動了，話說過頭。然而她並沒有真正要離婚的意思。」聽完老李的一席話，劉婷恍然大悟，立刻打電話向田蓉道歉。

田蓉接起電話，劉婷趕緊說：「田蓉，對不起！我剛才說錯話惹你生氣了，我向你道歉。剛才你在電話裡說的事我仔細想了想，婚姻和談戀愛不一樣，不能遇到一點事就要離婚。說

最好的安慰，就是耐心傾聽

到結婚，你們倆是閃婚，可能之前在戀愛中沒有時間去深入地了解對方。既然結婚了，夫妻兩人發生點小摩擦是正常的。我覺得你不要傷心了，兩人慢慢磨合，好好過日子才是正事。你和他發生矛盾，不如想想事情的前因後果，是誰做錯了。如果你做錯了，不能由著自己的性子來，主動示好向他道歉。如果對方做錯了，別一味指責對方，你也要懂得反省自己。一個巴掌拍不響，對方有錯，你自己肯定也不全對。」田蓉聽劉婷說完，也不生氣了，還採納了劉婷的建議。

再後來，劉婷再見到田蓉時，她已經挽著丈夫的手臂笑靨如花了，根本看不出之前還大哭大嚷著要離婚的樣子。

老李得知此事後，笑著對劉婷說：「其實夫妻吵架的事，真不是外人可以去置喙的，畢竟那是人家兩口子的事，關上門來，誰說得清楚到底誰對誰錯。而且田蓉找你哭訴，也不一定是真過不下去。她可能只是想向你傾訴一下，好宣洩自己的負面情緒罷了。而你，只需要好好地做一個傾聽者就行了，這就是最好的安慰……」

在實際生活中，當有人向你訴苦或抱怨時，你會怎麼做？據我觀察，不少人會和劉婷一開始的做法一樣，用一堆大道理去勸說別人。依我看，這真不是一種好辦法。因為很多道理幾乎是人人都懂的，說不定當事人當時比你想得更清楚，畢竟對方是親身經歷，往往要比局外人想得更深入。

舉個例子，當有朋友失戀的時候，如果你一味地安慰對方

第一章　傾聽：讓所有關係更和諧

要想開一點，不要難過，效果不會太好。因為你無法體會到對方的付出，無法體會這份感情對他來說多重要，很多時候，你也並不完全知道具體發生了什麼。你只是站在一個旁觀者的角度來勸，不會有切身感受，你輕易給出的建議未必正確，甚至可能是與對方截然不同的，如此對方的牴觸情緒就產生了，就會引發矛盾。

那什麼是好的方法呢？我覺得是幫助宣洩。你是否有這樣的體驗，當你內心苦悶的時候，找人述說一番，宣洩了往往就冷靜了，然後才恢復。人都有表達和傾訴的欲望，不管是遇到好事還是壞事，都會想和身邊的人分享一下。表達和傾訴其實都是宣洩情緒的一種方式，透過把堆積在心裡的事情說出來，排解一下內心情緒，而不是真想向你討一個主意，或者希望你能替他出頭。

相比一個說教者，人們其實更需要一個傾聽者。傾聽，這是比任何勸慰都更有效的一種安撫。所以，面對主動尋求安慰的朋友，首先要準備好一隻耳朵，也就是要先聽。而真正的安慰其實就是我們願意花費自己寶貴的時間和精力，願意傾聽別人的難處，讓對方的情緒得到緩解，心裡感到好受。

我的堂妹是一家物業公司的客服人員，這份工作看起來毫不起眼，而且經常遇到據理力爭的業主，但堂妹卻做得非常優秀。這並非堂妹口才好，而在於她懂得傾聽。

前段時間，公司遇到一位難纏的業主，他投訴社區公園對外開放，對業主們的財產存有安全隱患。但開放社區公園是響應政府規定，公司也安排保全加強大門管理，所以不想被這個麻煩事纏著，就派工作人員去和那位業主交涉。說是交涉，實際上是想勸說對方不要繼續鬧下去。儘管被派去的那個人口才很好，擅長擺事實、講道理，把對方說得無言以對，但仍然沒能消除業主內心的不滿和憤怒，他鬧得更加厲害。

無奈之下，公司將這個「燙手山芋」交給了堂妹，因為她平時就很擅長處理業主與物業的矛盾。當業主怒斥物業公司及相關人員時，堂妹沒有據理力爭，而是靜靜地聽著，同時用「是」、「嗯」等詞做簡單的回應，對業主的憤怒表示理解，讓他盡量把不滿發洩出來。業主嘮叨了3個小時，堂妹傾聽了3個小時。此後，堂妹還登過兩次門，繼續聽業主發洩不滿。當堂妹第四次上門傾聽時，業主對堂妹以禮相待，他表示不會繼續追究下去，將撤銷向相關部門的申訴。

從中可以發現，這位業主表面上是為了維護自己的權益，實際上是想獲得一種尊重。當他從堂妹這裡獲得尊重後，內心的委屈和不滿也就消除了。堂妹沒有費盡口舌地勸說對方，她只運用了傾聽的方式，就順利疏解了業主的不滿情緒，使業主感到受到了尊重，最終也贏得了客戶的理解。

尋求宣洩的人當時往往處於一種非理性狀態，用著理性的道理去勸慰非理性狀態的個人，得到的結果可想而知。所以，

第一章　傾聽：讓所有關係更和諧

你大可不必殫精竭慮學習安慰技巧，只需像前文所述，踏踏實實做到傾聽即可。

少說多聽，「悶葫蘆」也能變「話匣子」

我相信，你一定遇見過不善言辭的人，他們不太會說話，不願意說話，總是需要你不斷地找話題，否則只能尷尬地對視。當你和對方說話的時候，對方很可能也只是簡單地回答你幾個字。那麼，面對這樣的人，你是立刻草草地結束對話，還是選擇耐心地傾聽？我的經驗是，選擇後一種。

說到這裡可能很多人會質疑我的做法，這世上有趣的靈魂那麼多，我為什麼要費盡心思地傾聽一個木訥的人呢？

事實是，據我觀察，絕大部分不善言辭的人都有些缺乏自信，他們不知道該如何精準地表達自己內心的想法和情緒，一張嘴就會緊張不已。但這並不代表他們沒有自己的想法和主意。事實上，他們腦海中的想法或許遠遠要比語言能夠表達出來的還要精采萬分。但如果你沒有足夠的耐性，那麼你大概永遠都無法和他們建立良好的溝通，更別說從他們口中聽到那些精采的想法了。

我們部門的 8 年級同事琳琳，最近終於接受了一位男士的

追求。可經過琳琳的描述，我們了解到這個叫韓斌的男士屬於性格內向、寡言少語的類型，兩個人在一起的時候，韓斌總是沒有辦法侃侃而談，說什麼都不太自然，兩人經常陷入一種相對無言的尷尬，這讓琳琳很是頭痛。有時琳琳也會想，可能自己和韓斌性格不合，但韓斌長得高大、帥氣，而且很有責任感，她捨不得放棄這份感情。

為了實現和男朋友「無障礙」溝通，讓彼此的感情進一步加溫，琳琳向部門的同事們尋求幫助。我大學時候研究過一段時間的心理學，也曾在一個大企業裡擔任 HR（人力資源顧問），和各式各樣的人打過交道，深知內向的人更需要傾聽。當琳琳告知韓斌的情況之後，我認真思索一番，提出了以下三點建議：

第一，理解對方，懂他的特別，和對方產生同理。

第二，關注對方的感受，少說多聽，主動把話語權交給對方；第三，用提問的方式引導對方繼續話題。

聽了這些建議之後，琳琳開始改變和韓斌說話時的策略。以前和韓斌聊天的時候，如果韓斌半天不答話，或者表現出一副欲言又止、吞吞吐吐的樣子，琳琳都會著急地催促他，有時還會責怪他。每當這個時候，韓斌就會變得滿臉通紅，悶著頭一味地道歉，說：「對不起，我不是故意的。」

現在，再遇到類似的情況，琳琳也不著急了，而是溫柔地

第一章　傾聽：讓所有關係更和諧

鼓勵韓斌說：「你也說說看，這個問題你怎麼想的。我們就是討論一下，參考一下，也不是說了就一定要這樣做。我知道，你是個不喜歡講空話、實事求是的人，但也正因為這樣，所以我特別想聽你說說你的想法，能給我很多啟發。」

此外，在兩人聊天的時候，琳琳也開始盡量控制自己，壓抑住那種喋喋不休的欲望，主動把話語權讓給韓斌，鼓勵他說自己的想法和意見，鼓勵他和自己分享他感興趣的東西。一開始，由於韓斌實在不善言辭，所以談話常常會陷入一段長達十幾秒的沉默中。以前凡是出現這樣的沉默，為了打破尷尬，琳琳總會急不可耐地轉移話題，極力避免這種尷尬的沉默。而現在，每當出現這樣的沉默，琳琳都會閉緊嘴巴，耐心地給韓斌思考的時間，等待他將下面的話說出來。

在找話題方面，琳琳也逐漸摸索出了自己的心得。以前她總是洋洋灑灑地和韓斌說自己喜歡的東西，感興趣的八卦新聞。而現在，為了鼓勵韓斌多表達自己的內心，她開始以提問的方式，引導韓斌一點點打開話匣子，談論自己感興趣的東西，如「愛情片和喜劇片，你更喜歡哪一種？」。

久而久之，韓斌雖然還是那個不善言辭的韓斌，但琳琳卻驚訝地發現，雖然自己男朋友口才實在不佳，不善言辭，但卻是個極其有內涵，非常博學的人。她無比慶幸自己沒有放棄這段感情，而是學會用更多的耐性來和內向的韓斌交流，一點點

發現他藏在沉默寡言背後那獨具魅力的內在。

不善言談者，往往會陷入一種窘境——心中可能有千言萬語想要表達，卻不知該如何很好地用語言描述出來。這種時候，如果你因缺乏耐性而貿然打斷對方，甚至表現出不耐煩的情緒，那麼必然會加重對方的壓力，讓對方更加不知該如何表達了，這對建立良好的溝通和交談是非常不利的。

因此，如果你的談話對象是不善言辭的人，為了溝通順利，更該少說多聽。耐心地給予對方一些時間，同時也可以像琳琳那樣，主動向對方提問，把話語權交給對方，並加之幫忙整理對方的思路，那麼即使與你談話的人並不是那麼善於聊天，你們也一定能擁有一場愉快而有效的談話。

在這裡，我還想提醒大家，有一份調查顯示，世界上百分之七十以上的成功者都不善言談，這是因為不善言談的人對內心世界更感興趣，十分了解自己，遵從內心的想法，能夠冷靜的觀察與思考，內心堅定而強大，善於體察他人的心事等。足見，不善言談是同樣值得欣賞與傾聽的。

深入對話，需讀懂言語背後的「內情」

傾聽簡單嗎？懂得傾聽的人會覺得很簡單，而不懂得傾聽

第一章　傾聽：讓所有關係更和諧

的人就會感覺很苦惱。其實，傾聽最關鍵的是，你知道對方在想些什麼嗎？你能明白對方說這句話的真實意思嗎？你掌握了對方傳遞給你的「內情」了嗎？

有人會不理解，怎麼感覺像是偵探在破案，還要掌握「內情」。其實，你和他人溝通的過程，你傾聽別人的過程，就是對對方內心的偵破過程，只有明白對方的真實意思，你才能在溝通中占據主動。所以我經常說的一句話是：「傾聽是有訣竅的，最重要的是要弄清楚對方在說什麼？」

這句話看似平常，其實內涵深刻。別人跟你說的話，就是字面上的意思嗎？字面下是不是隱藏著更深層次的意思，只是因為各種情況不好說出來。這就要求我們能聽出對方的「弦外之音」，這個「弦外之音」就是所省略的和沒有表達出來的內容或隱含的意思，也就是「內情」──對方真正的所思所想。

如果做不到這一點，將會對自身生活和工作帶來很大困擾，這一點我深有感觸。

幾年前，我在一家補習班做助教老師，有一天快要下班了，主管突然打電話給我，我接起電話，主管說道：「現在忙嗎？十分鐘後到我辦公室來一趟，我跟你說件事。」

當時我手頭上正有一堆事情需要處理，於是回答：「主管，我現在有一堆事呢，有什麼事情，您在電話裡囑咐我就行。」

「這樣啊?」主管明顯遲疑了一下,「你還是來一趟吧。」

等我趕到經理辦公室,經理和藹地說:「你這段時間表現不錯,很努力,也有上進心。最近單位準備提拔一名助教做授課教師,你成績也不錯,也參與過實際授課,你覺得誰可以馬上對學生們授課?」

我想了想,回答道:「我不是部門裡資歷最老的,經驗也不是最豐富的一個。在這情況下還能得到經理的認可,我願意試一試。」

沒幾天,我成功成為授課教師,薪資翻了兩倍。後來我再回想,主管為什麼單獨找我,其實是主管想了解我的想法,而我聽出他話裡的「弦外之音」,掌握住升遷的好機會。

在現實中,人們會用兩種方式來溝通,一種是說話直白,令人不假思索就能明白對方想要表達的是什麼,一種是說話時話中有話,讓人必須經過反覆思考與推敲才能懂得對方話裡的弦外之音。因此,我們必須從隱藏在對話背後的「弦外之音」上著手,才能使彼此的意思或感情得到有效溝通。

那如何聽出對方話裡有話?聽出隱藏的真正意圖呢?這就需要我們在傾聽別人說話時要多思多想,細心地注意對方的言行,注意對方如何表達問題,還要注意對方在敘述時的猶豫停頓、語調變化,以及伴隨言語出現的各種表情、姿勢、動作等,從而對言語做出更完整、更準確的判斷和理解。

第一章　傾聽：讓所有關係更和諧

在歷史上，就有著名的「弦外之音」的故事。

三國時期，曹操很欣賞曹植的才華，有了廢除曹丕世子的想法。曹操一日詢問賈詡對此事的看法時，賈詡沉默了。

曹操急切問道：「你怎麼不說話了？」

賈詡回答：「我在思考一件事。」

曹操好奇地問：「什麼事？」

賈詡說：「關於袁紹和劉表的事。」

曹操聽後一愣，隨即便哈哈大笑，於是打消了廢除曹丕的想法。

賈詡很清楚曹操想要扶植曹植的態度，對於曹操的問題，他搬出了袁紹和劉表廢長立幼導致動亂的災禍。他弦外之音重在提醒曹操不要重蹈覆轍。

為了讓大家更清楚理解，在這裡，我列舉一個十分具體的例子：

阿木和阿威從小一起長大，兩人關係非常不錯。後來各自結婚後，兩人關係依然沒有疏遠，也常常保持聯絡。阿木是一個眼光敏銳的人，不管他做哪一行生意，都會賺錢。漸漸地，阿木成為了富翁。阿威也做生意，他開了一家餐廳，他的眼光雖然沒有阿木好，但也順風順水，沒有虧過。

新的一年，阿威經過深思熟慮後，準備再開一家新店。可是，巧婦難為無米之炊，阿威的手上沒有那麼多的資金。這

> 深入對話，需讀懂言語背後的「內情」

時，他想到了阿木，便登門拜訪。見面後，阿威和阿木寒暄一番後，直說主題：「老朋友，你能借我十萬塊錢嗎？」

阿木一臉關切，追問：「你是遇到了什麼難事嗎？」

「沒什麼難事，就是最近想開一家新店，可是手上資金不足，就想跟你借十萬塊錢周轉一下。」阿威毫不掩瞞地說。

阿木思考了一下，語氣為難地說：「這樣啊，憑我們倆的關係，別說十萬塊，就是二十萬我也願意借給你。可是你知道的，最近的經濟不太好，我做生意虧了不少錢。」

阿威聽出阿木的為難，對阿木說：「最近生意的確不好做，不過我的新店選址在學校和社區附近，確保有充足的客源。並且我高價聘請了有口碑的高級廚師，飯菜口味是有保障的。對了，我會按照約定寫一張借據給你。」

阿木聽後笑了一下，爽快地答道：「行，你明天來拿錢吧。」阿威第二天帶著借據來到阿木家，如願借到了錢。

大家看出來了嗎？阿木和阿威都是非常聰明的人，一個說話時話中有話，一個能準確地聽出「弦外之音」。從阿木詢問阿威借錢的原因時，阿威就明白，阿木願意借這個錢，因為不想借別人錢的人根本不會詢問原因。然後，阿木透露了經濟不好，生意不好做的這個訊息，阿威也很聰明地聽出了阿木的言外之意，怕阿威生意失敗，自己的錢打水漂要不回來。阿威瞭然於心，告訴了阿木自己的開店計畫，打消他的疑慮，放心地

第一章　傾聽：讓所有關係更和諧

借錢給自己。

明明能用一句話說明白的事，為什麼偏偏要拐彎抹角地去說？有些更是「九彎十八拐」的繞圈？可能很多人會認為，話裡藏話的人其實就是表裡不一。但有些話，明說會帶來不必要的麻煩，而暗示會避免這種不必要的麻煩，這是一種必要的教養。越是深層次的對話，越要以聽懂「內情」為宜。

如果你從事過銷售工作，下面這句話你一定聽過很多遍：「我再考慮考慮。」如果你相信客戶會仔細考慮你的產品，不及時做出任何挽回的話，那99％的機率這位客戶流失了。

是的，這句話的背後可能隱藏著客戶的多種心理：「這超出了我的預算，打折的話我才考慮買。」、「我還想看看其他產品，做做比較。」、「你的推介不夠吸引人，我不感興趣。」……你只有了解到客戶的真實想法，針對重點地解除對方的顧慮，向客戶強化銷售了一次，才能提高成功率。

想要辦成事情，必須語言開路，而想讓語言成為好的開路先鋒，就必須先要學會聽，別人說了「一」，你要聽出後面的「二」，然後透過「二」想到了「三」，再仔細分析分析，深思熟慮後想出「四」。當你能聽懂別人說出的話，更能聽懂沒有說出的話，你才算是真正「聽話」的高手。

第二章 慎言：
有些話，不說更好

　　口是傷人斧，言是割舌刀。話說出口之前要三思，話到嘴邊收半句、避開別人的痛處……總之，說話有諸多戒律，必要時閉上嘴巴，不應當說的不說，這是我們每一個人應該具有的修養，如此才不會留下不當的後遺症，才能做到初見讓人喜歡，長久不讓人生厭。

第二章　慎言：有些話，不說更好

話不說透，留點餘地更有情

前段時間，我開始學習國畫，我原以為掌握那些勾線技巧是最要緊的了，然而老師卻說各種頓挫、轉折、提按並不難學。學水墨畫，難就難在掌握「留白」，而留白是精髓所在，往往只可意會不可言傳。這讓我想到「逢人且說三分話」，這和留白頗為相似，不同的是前者爛在肚裡，後者讓人去猜。

遺憾的是，生活中我不乏遇到這樣一些人：他們只管自己說得痛快，該說的不該說的總是口無遮攔的一併傾出，也不管聽的人是否樂意聽；當與別人發生爭執時，他們會十分較真，直到讓對方閉口不言才罷休，從不顧及他人的尊嚴與感受……這樣的人看似口才好，但在我看來，如此說話只會給人沒有教養、為人輕浮之感，惹來他人反感不說，還容易遭到記恨，實在得不償失。

劉俊和我是同一個公司、不同部門的同事。據我了解，他的文采出眾，很有創意，是一個很有真才實學的人，但是沒有幾個人願意和他做朋友。這樣的人怎麼會不受同事喜愛呢？這不科學啊？一開始我不得其解，不過，隨著了解的深入，我漸漸發現，劉俊在公司裡真的是不太受歡迎，同事們倒也不是討厭他，而是不太喜歡跟他聊天，好像處處總躲著他。原因就在於，他與人說話時不過腦子，口無遮攔，不留餘地，常常讓人

> 話不說透，留點餘地更有情

下不了臺。而願意與他做朋友的人，有的是看中了他的才學，有的是了解他的性格選擇不去計較。

同事楊樂和劉俊不僅是工作上的好搭檔，也是生活中的好朋友，楊樂一直都很包容劉俊。去年楊樂結婚，邀請大家前去參加婚禮。婚禮主持人是一位年輕帥氣的男生，他的發音十分標準。他先是說了一段活躍氣氛的開場白，等邀請新娘走上舞臺時，又煽情地說：「在座的親朋好友應該都知道，我們的新郎和新娘是一對青梅竹馬。『青梅竹馬』這個成語起源於宋朝，據說宋代有一個女詞人，她與丈夫從小一起長大……」主持人將故事說得十分動聽，我們大家也聽得津津有味。

可是，在主持人說到一半時，劉俊忽然站起來，大聲說：「主持人，『青梅竹馬』這個成語可不是出自宋朝，它出自唐朝詩人李白之手。一看你就沒查資料，這樣會誤人子弟的！」

這麼直接的言語令主持人有些難堪，臉色一陣紅一陣白，他壓著心底的怒氣發問：「這位先生，您說這個成語出自李白之手，有什麼證據嗎？」

「哎，肚子裡沒三兩墨水也敢當主持人，我真是佩服佩服！」劉俊做了一個佩服的手勢後，繼續說：「讓我告訴你吧，這個成語出自李白〈長干行〉，詩句是妾髮初覆額，折花門前劇。郎騎竹馬來，繞床弄青梅。」說完，劉俊揚揚得意地看著主持人，全然沒有察覺到主持人面色僵硬，新郎新娘不悅的神色。當時我心裡捏了一把汗，好在主持人很有經驗，他笑笑說

第二章　慎言：有些話，不說更好

道：「剛剛這位先生真是博學多才，都怪我沒有查到成語的出處。但這並不妨礙大家了解新郎與新娘青梅竹馬的關係。現在，我們有請新郎的小青梅登場……」但劉俊的打斷顯然影響到他的心情，致使主持水準直線下降，期間頻頻出現口誤。

敬酒時，楊樂的新娘子對我們笑靨如花，卻獨獨對劉俊垮著臉。當劉俊和新娘子打招呼時，新娘子一句話沒說，轉身就走。劉俊不禁生氣地對楊樂說：「你妻子真沒禮貌！」

楊樂聽後也好氣地說：「就憑你在婚禮上鬧的這一幕，誰都不會對你有禮貌的！」見劉俊不明所以，他繼續說：「主持人是我們請來幫忙的，而你卻當著這麼多人的面不留情面地指責人，讓他下不了臺，也幾乎將我們的婚禮都搞砸了。不是我說，你這種說話不會留三分的人真可怕！」說完，也不再理睬劉俊。在一旁目睹這一切的我，終於明白劉俊朋友少、人緣差的緣故。我也想到，即使工作能力被認可，但說話能力卻始終是阻礙在他職場道路上的一個大問題。

仔細觀察一番，你會發現，人們都很抗拒與口無遮攔的人溝通，就因為他們說話總是不留餘地，管不住自己的嘴巴。他們的初衷也許不是為了為難誰，也不是為了讓人下不了臺，但不管有意的還是無意的，什麼話都說出來，逞一時口舌之快的言語只會讓他人覺得不舒坦，傷害別人也是一定的。

你與人溝通時有這樣的陋習嗎？如果有，那麼千萬要立即改正才好。一個真正有教養的人，每每與人交談時都會提醒自

己，說話時切忌冒冒失失、口無遮攔，要仔細斟酌，要理解別人的感受，要給對方臺階下，做到話留三分。因為他們明白，這樣做雖說不會戰無不勝，但不至於會因一時失言，而使自己陷入退無可退的境地。所謂的「人情留一線，日後好相見」說的就是這個道理。覆水難收，玉碎怎能無痕？言談中要有所保留，什麼話該說，什麼話不能說，什麼話絕對不能說，都要在心裡面有個標準。我從不認為這是虛偽，相反，說話有分寸，做事有把握，這是一個人有修養、有智慧的表現。這樣的人，無論走到哪裡，都會受到歡迎，既愉悅了別人，也讓自己受益。

尊重是所有談話的第一原則

說話時最重要的技巧是什麼？

當我問及這一問題時，周圍的朋友給出了各式各樣的答案，比如三思而後說、幽默風趣等等，但在我認為，最科學的答案應是──尊重別人。

人與人之間最舒適的互動，往往是建立在平等之上的，但現實是兩個人的興趣愛好、性格修養、社會地位往往不一樣，這時人與人之間的互動就要在修養的前提下展開了。尊重是一

第二章　慎言：有些話，不說更好

個人最基本的修養，而這是不區分任何階級、地位的差異的。不論談話出於何種目的，尊重對方都是一個正確的開始。

馬叔是父親的老同事，他們都是一家企業基層管理人員，因為馬叔眼光還算不錯，前幾年抓住商機拿到了投資，一下揚眉吐氣，離開了公司，自立門戶，從一個默默無聞的基層管理人員搖身一變成為一個老闆。公司人才濟濟，大案子一個接一個，一切都順風順水，馬叔也很快在業界出了名。可誰也想不到，一年半之後，馬叔的專案開始逐漸跟不上了，員工流動性也非常強。

心裡憋悶，馬叔就找父親一起喝酒，沒一會開始訴苦：「你說說，一個個的沒什麼本事，在這麼好的環境裡還不好好努力，就想著混日子。現在的年輕人和我們那時沒法比，拿著薪資在這麼氣派的辦公大樓裡辦公還不懂得知足，一個個就想著算計公司，沒有一個真把公司當家，為公司效力的！」

看著馬叔一臉憤懣的樣子，父親勸他別生氣，大部分員工都是領薪水做事的，不能要求所有員工都和老闆一樣對公司負責任。

馬叔嘆口氣說：「你是不是覺得我對底下的人要求太苛刻了？唉，你現在是身在企業，不知道我們這些自立門戶的人苦，更不知道做業務的壓力有多大！原先我在公司時就羨慕你們技術部，我們業務部成天累死累活，你們就在辦公室一待，什麼壓力都沒有，多輕鬆！我這些年受的苦，你不會理

解的⋯⋯」我看得出父親有些不太高興，畢竟每份工作都有不易，馬叔實在不該貶低技術部的工作。但父親沒有和馬叔計較，為了轉移馬叔的注意力，勸他當務之急是多接一些案子，有助於緩解公司的窘境。

可沒想到說到客戶，馬叔更生氣了！「說到他們我就來氣，一個個什麼都不懂，還在方案裡挑來挑去，總想把我的東西改得面目全非⋯⋯在公司，像你一個芝麻粒大點的官，說話都是有分有量的。對客戶，我們卻只能低三下四⋯⋯」話說到這個分上，父親搖了搖頭，說道：「看來你現在遇到的所有問題其實是同一個問題，你挺看不起人的。」

意識到自己說話過分了，馬叔趕緊解釋：「我不是那個意思⋯⋯」

「不管你是什麼意思，聽你說話的人感覺就是這麼個意思。你總不能要求所有人按照你的想法來思考你的話。從你說的來看我覺得你平時對員工也沒有多尊重吧？你總覺得你的員工沒什麼本事，那為什麼要聘請人家？客戶也是一樣，你再專業你是乙方，按照甲方的要求做事難道不應該嗎？不管你是什麼意思，剛跟我說的讓我感覺的就是很大的不尊重。即使是抱怨別人的話，裡面有些話聽著也讓我感到不舒服。我看你的當務之急是先改改你看不起人的毛病。」父親嚴肅地說道。

和人說話時，父親總是和藹的，更不會輕易生氣，這次是個例外。對此我表示理解，因為馬叔真的犯了說話的大忌。說

049

第二章　慎言：有些話，不說更好

話不僅僅是一種語言，更是一個過程，在說話的過程當中，我們的反應和態度都會給人一種感覺，如果我們打心眼裡不尊重別人，那麼對方自然不願意與你深談。

尊重，從語言開始；語言，從尊重開始。你只有先尊重對方了，對方心裡才會舒服，心裡舒服了，才會願意接受你的言語，人的潛意識就是這樣。

據我觀察，有些人之所以受人喜愛，就是因為他們在說話時重視別人的存在，尊重別人的感受，他們豐富的內涵與得體的教養早已經融合在了一言一行之中，大到一個演講交流，小到日常的一字一句，在舉手投足之際不留痕跡地展現出來，由此必然成為人群中十分有教養的那種人。

幾年前，我曾在一個雜誌社做編輯工作，主編是五十來歲的高姐。每天一到雜誌社，我都能見到高姐帶著一臉的微笑，並且和每一位編輯、美編乃至清潔工人打招呼。

有時，如果我遇到什麼問題向高姐彙報或請教，高姐也總是微笑著，身體微微前傾，認真地聽完話後，以感激的口吻說「辛苦了！」，或者以商量的口吻說「你看這樣會不會好一些」，所以，每次當我從高姐的主編室出來，心裡都是暖暖的，哪怕是有些建議沒有被採納，我也可以從高姐那裡得到一句讓人心暖的話：「這個主意不錯，只是還不成熟，讓我們一起再好好斟酌一下。」

高姐說話不擺架子，親和的姿態讓我如沐春風，也讚賞有加，逢人便說自己遇到了一位最值得尊敬和追隨的好主管。

任何一種親切的談話，都能夠拉近兩個人的距離，無論這兩個人有多麼不同。想要和一個人順利談話，那麼就要記住，任何時候，尊重對方都是說話的開始。所謂的尊重，就是不論面對什麼人，發自內心地尊重對方，這裡不分職業，不分地位，這才是真正的修養，也才會處處受人歡迎。

畢竟，我們每一個人，都希望得到最起碼的尊重。

有修養的人，看破但不拆穿

我曾經是一個討厭謊言的人，討厭它帶來的虛偽，討厭它帶來的欺騙，討厭它帶來的不悅，甚至一看到別人說謊的行為，我就想立即揭穿。但是表姐卻告訴我，明瞭謊言，看破未必要點破，這是一種閱歷和修養的疊加。

表姊在一家奢侈品商店工作，因為認真肯學，漸漸掌握了辨別奢侈品真假的技能。經過幾年的實踐，現在幾乎可以一眼辨別奢侈品的真假優劣，而她也因此被升任為店長，極受老闆信任。這一天，我去找表姊詢問一些事情，店裡迎來幾個女孩，表姊讓我在休息區等待，自己跟在一旁服務。

第二章　慎言：有些話，不說更好

　　幾個年長的女孩圍著其中一個年齡稍小的女孩，一邊說，一邊發出羨慕的驚嘆聲。

　　「哇，欣欣，這手上拿著的包包是全世界限量款哎，有錢都不一定買得到！」、「你脖子上戴著的這款項鍊也好漂亮啊，可惜太貴了，我一直都捨不得買。」、「你手上戴著的手錶和戒指也都價值不菲吧？還有你身上的衣服是某牌子推出的新款吧，真的太美了！」

　　……

　　「是嗎，我對這些東西都不了解，這些都是我男朋友送給我的。」這個名叫欣欣的女孩一臉得意，但說出的話卻不以為然。

　　「哇，你男朋友也太好了吧？」

　　「這樣的男朋友可以給我來一打吧！」

　　幾個女孩羨慕不已地說，我在一旁也暗說這樣的女孩真好命。

　　忽然，其中一個女孩注意到了站在旁邊的表姊，說道：「現在奢侈品的假貨太多了，欣欣，你的男朋友會不會不識貨買到假貨呀？我聽說這家奢侈品店的店員都有一雙辨別奢侈品真假的眼睛，要不讓這位店員幫你看看？」

　　這個叫欣欣的女孩立刻拒絕：「不用，我身上這些肯定是真的。」

> 有修養的人，看破但不拆穿

「哎呀，費不了多少時間的，」女孩說著，將欣欣推到了表姊面前，然後又對表姊說，「您好，我聽說你們店裡可以免費幫人鑑別奢侈品的真假，你可以幫我朋友鑑定一下她的包包和項鍊嗎？」

「當然可以。」表姊微笑著說。

我看到欣欣臉色倏地變得通紅，眼裡閃過一絲慌張，當即懷疑起這些奢侈品的真假，可以想像表姊拆穿她時窘迫的樣子。但表姊看了幾眼後，卻笑著對眾人說：「這位小姐身上揹著的包和佩戴的飾品都是真的。」

欣欣鬆了一口氣，她感激地看了一眼表姊，並購買了店內的兩件商品。

等這幾個女孩離開之後，我不解地問表姊：「那個女孩那麼心虛，我斷定，她佩戴的那些包和首飾都是假貨，你怎麼還護著她？」

表姊笑笑說：「我僅僅掃視了一眼，就看出那是假貨。不過，這個女孩的年紀不大，正是愛面子的年紀，如果我當著這麼多人的面揭穿她讓她難堪，這既是一種很不明智的選擇，也會影響她的人際關係。更何況，她雖然因愛慕虛榮而撒謊，但這並沒有影響到別人的生活，又何必讓她難堪。」

就這樣，表姊為我上了非常生動的一課，那就是每個人都有每個人的生活，有些人選擇生活在真實中，有些人選擇生活在謊言中，但這都是每個人的選擇。看破別人的謊言，選擇不

第二章　慎言：有些話，不說更好

揭穿，這樣的舉動其實就是在給人臺階下，能將他人從尷尬的境地中解救出來，也會贏得他人的感激和好感。

是的，我們無法阻止他人說謊，我們也無法不聽到謊言，只要謊言對我們沒有惡意，我們都可以看穿而不揭穿，做一個頭腦清醒的旁觀者，一個心懷善意的教養者。

再到後來，我又意識到，有時殘酷的真相反而更像是一種謊言，欺騙了人們的希望。謊言也是這個世界的真實，這個世界需要一些謊言，一些善意的謊言。當一個人為了他人的幸福和希望而適度地撒一些小謊的時候，謊言即變為了一種理解、尊重和寬容，對此，我們更無須去有意點破。

這一切強烈的感悟源於我一位朋友的親身體驗：

我的這位朋友大學讀醫學院，畢業後到一家醫院做實習醫生，期間遇到了一位44歲的子宮頸癌患者，病情已經很嚴重了。但朋友卻看到教授非常平靜地替患者開了藥，並告訴對方沒什麼大問題，病慢慢會好的。他對此大為不解，剛要插嘴糾正教授的話，告訴患者真正的實情。教授瞪了朋友一眼，示意他別亂說話。朋友對教授的做法很不明白，他認為隱瞞患者的真實病情，會耽誤病人的最佳治療時期。

後來，這個患者看病，教授每次都囑咐她按時吃藥、接受治療病會好的。沒想到一年後，患者依然照常來醫院看病，她的精神越來越好，來之後還喜滋滋和朋友說起她女兒順利考上

大學的喜事。

時間過去兩年了，患者的癌細胞得到控制了，不用再遭受死神的威脅了。朋友終於領悟教授當初的良苦用心，如果當初他告訴患者病情，患者可能會為此遭受打擊，喪失對生活的希望，從此一蹶不振。這樣做的後果，更不利於患者的病情治療。他很感謝當初教授阻止了他，並教給他人生中重要的一課。

據我所知，從那以後，我的這位醫生朋友學會了適時地「撒謊」。為了延長病人的生命，更為了讓患者在人生的最後歲月裡對生活仍然抱有美好的希望而活著，他會用謊言時時地去安慰對方：「別那麼緊張，情況沒那麼糟糕」、「只要你安心養病，慢慢會好的」、「現在的醫術很發達，別太擔心」……

面對患者，朋友懂得了，也許有時候，謊言也是能夠療傷的。從他身上，我沒有看到虛偽或醜陋，而是看到一種人性本善的教養。

醫生的一句善意謊言，讓恐懼的病人由毀滅走向新生；父母的一句善意謊言，讓涉世不深的孩子臉若鮮花，燦爛生輝；老師的一句善意謊言，讓徬徨學子不再困惑，好好成長……

每個人都會說謊，但有時說謊也是逼不得已，是有苦衷的。所以，現在我不再一味討厭謊言，也不會隨意指責對方

第二章　慎言：有些話，不說更好

「騙人」。如果對方的謊言既不會玷汙文明，也不會扭曲人性，不是居心叵測，而是出於善意，那麼我都會選擇看穿而不揭穿，如此，人際溝通也變得更為和諧了。

沒有人喜歡聽別人誇耀自己

我以前工作的一家公司，有一個喜歡炒股的同事，叫王澤。王澤對炒股有著極大的愛好，運氣也不錯，每次買的股票都能一路長紅。後來，我們同部門的同事都將王澤視為「股神」，紛紛向他討教選股的祕訣。一向習慣低調的王澤有些不好意思，笑著說：「我炒股根本沒有什麼祕訣，完全是得益於第六感，跟著感覺走！我的第六感從來沒有錯過，這幾天每買必中呢！」於是，我和另一位同事孫楊開始跟著王澤炒股，見王澤買哪一股，我們就跟進；見王澤什麼時候拋，我們就拋。

可是，老天好像和王澤開了一個大玩笑，自從我們都跟著他買股票之後，他再也沒有之前的好運氣了，可以說是每炒必虧。後來，我和孫楊便開始「另闢蹊徑」，拋開了王澤，單獨開始研究炒股。別說，不再跟隨著王澤之後，我們買的股票還都上漲了。得知王澤最近又炒股賠了一些錢，我就想著約他出來散散心。

吃飯的時候，氣氛還是挺融洽的，我們三個談談哪裡開了

新的餐廳，說說最近的熱門新聞，都是常聊的話題。誰知酒一下肚，孫楊忍不住說起：「王澤，你知道嗎？我們最近買了好幾支股都漲了不少，這下，我們可以賺不少錢！但是你這幾次怎麼回事？怎麼每次買的股票都下跌得厲害？」孫楊說話的時候，那得意的神情，簡直有點忘乎所以。

王澤在一旁坐著，低頭不語，臉色很難看。當時我也在場，一個勁地向孫楊使眼色，但他大概真是得意忘形了，根本沒有意識到，甚至還誇誇其談地說：「你不是有第六感嗎？怎麼不準了？幸虧我們後來沒有再跟著你，否則就虧大了！要我說，以後你還是和我們一起做吧！沒準能翻身呢。」

孫楊本指望王澤能說幾句羨慕的話，誰知王澤生氣地瞪了他一眼，冷笑著說道：「我看還是算了吧，我可勞駕不起您。我還有事，失陪了。」被王澤這麼一嗆，孫楊無趣地愣在那裡，尷尬萬分。

「王澤平時看著溫文爾雅的，沒想到這麼小鼻子小眼睛。」孫楊抱怨。

「我覺得今天這事不怨他，」我直言，「我知道你是為王澤著想，不想讓他繼續虧錢。可你說這些話的時候，有沒有注意到王澤的黯然神傷；當你炫耀自己賺了多少錢的時候，也沒有想到王澤最近虧了多少錢。這樣的行為對於王澤來說，無異於在他的傷口上撒鹽，難怪他會生氣了。」

後來，公司推薦部門主任的人選，我和孫楊都是備選人

第二章　慎言：有些話，不說更好

員。王澤果斷將珍貴的一票投給了我。當我問及原因時，王澤頗為感慨地說：「當孫楊誇耀自己的成功之時，你卻沒有在我面前說一句得意的話，反而鼓勵我不要灰心，幫助我及時調整狀態。就憑這一件事，我就能看出你們兩人的高下。」

看到這裡，也許有些人會認為，我這個人比孫楊心眼多、圓滑，可我想說的是，在不會跳舞的人跟前，談論跳舞的話題不會讓你顯得多有教養，只會突顯你的虛榮和無知。

很多人總喜歡把自己的得意之事掛在嘴邊，說自己獲得了什麼成就，誇耀自己如何優秀。或許你認為這樣能夠得到別人的敬佩和欣賞，可事實上，沒有人願意聽別人的得意之事，更沒有人喜歡聽別人的自我炫耀。或許在平時絕大部分人還是會禮貌地應和一下，說出讚美和誇獎的話；可一旦聽者遇到了不如意的事情，或是處於失意階段，那麼，這些得意的話就會變得刺耳了。

這是因為，人失意的時候，情緒本來就很低落，內心也比較敏感，比平日裡更容易多心，如果你還在他們面前秀自己的成績和「優越感」，就算你是無心說的，這些話在他們聽來都是充滿嘲諷和譏笑的，會讓對方誤以為你在故意炫耀，嘲笑他，並且對你產生不好的印象，甚至還會懷恨在心。

試想一下，當你好幾天沒吃好飯，正餓得飢腸轆轆的時候，一個人卻不停地在你面前說五星級大飯店的 Buffet 多麼美味；當你正在戶外遭遇著一場暴風雪，一個人卻大談特談自

己待在家裡多麼溫暖，你是會羨慕對方，還是恨不得讓他閉嘴？相信，沒人會羨慕對方的好運，更沒人喜歡聽這樣的話。

人逢喜事精神爽，人生處在順境和成功時，我們高興、開懷、興奮是常理，但當我們得意的時候，別人說不定正處於失意狀態。所以，開口之前就得記住，千萬不要隨意地炫耀自己的得意，尤其在失意痛苦之人面前，盡量避免提及跟他們的失意相關的話題，更不要說對他們有所刺激的事。

人人都會經歷人生的谷底，人人都會遇到不如意的事。或許今日我們得意，別人卻陷在失意的痛楚中；而來日，大概我們遭遇不幸，別人卻又會風風光光。總之，得意和失意總是不斷交織的。你希望別人怎樣對你，你就應該怎樣對別人。遞上一句安慰，送上一個擁抱，總比趁機撒鹽要討喜得多。

直爽與沒教養，僅一線之隔

以前，我有一個同事叫米菲。

米菲開朗活潑、性格直爽，而且待人非常熱情，經常積極地向朋友施予援手，這種人本應該是很受歡迎的，可是同事們卻不喜歡她。原來，米菲總是管不住自己的嘴巴，嘴只要一張開，就足以抹殺掉她在別人心目中累積的所有好印象。所謂哪壺不開提哪壺，她總是能精確找到別人的痛點。

第二章　慎言：有些話，不說更好

公司裡有個男生，個子不高，但是唱歌很好聽。在一次公司舉行的客戶答謝會上，這個男生自告奮勇準備獻歌一首。為了表示對公司和客戶的尊重，他特地買了一套西裝穿上，還繫上了領帶。可能由於身材過於矮小，男生有些撐不起那套西裝。米菲當著大家的面說：「別人穿西裝都很帥，你穿著怎麼就像小孩子偷了父母的衣服穿一樣，真是太搞笑了。」說得該男生臉紅脖子粗的，她還開心得哈哈大笑。

有一位女同事結婚前體型還挺勻稱的，結婚後疏於健身，長胖了不少。該同事最忌諱別人說她胖，最近正在努力地減肥。米菲一看到她就調侃：「說真的，你現在胖得讓我都差點認不出來了。你這樣下去可真不行，得小心你另一半移情別戀了。」在場的一些同事笑出了聲，女同事瞪了米菲一眼，並沒有和她搭話。

當別人對米菲的話語不滿時，她就丟擲一個萬能金句：「我性子直，你別介意！」

時間久了，誰都怕這種情況降臨到自己身上，所以和米菲接觸的人越來越少了。為此，我經常聽見米菲的哀嘆：「我說這些話本是好心好意為別人著想，我勞了那麼多神，費了那麼多力，幫了別人的忙，卻連好話都換不來一句，大家對我的態度還不冷不熱的，這真的是好心沒有好報。」

你身邊是不是有這樣一類人：他們人看起來挺好，但哪壺不開偏偏提哪壺，別人最怕什麼他們就說什麼，讓人臉上紅

直爽與沒教養，僅一線之隔

一陣紫一陣下不了臺。而對方總在之後笑嘻嘻說一句：「我性子直，你別介意！」你想，可能他性格就是這樣，算了。可第二次，第三次……你簡直要抓狂有沒有？

要我說，這哪是性格的原因，分明是不懂得如何說話。因為你「個性直」就可以口無遮攔？

因為你「個性直」就可以肆無忌憚？

因為你「個性直」傷害了別人，別人都應該原諒你？性子直和沒教養，常常就在一線之間。

我們常說「打人不打臉，罵人不揭短」，但凡有教養的人，在說話之前都會仔細地考量，都會顧及他人的感受，盡量繞開別人不願被人提及的話題。他們說話再直白，也不至於戳人痛處，揭人傷疤，說那種「哪壺不開偏偏提哪壺」的蠢話，更不會打著「心直口快」的幌子出語傷人。

言談之間一定要注意措辭，說出來的話才不會得罪人。這是與人往來的基本素養和修養，更是受人歡迎和尊重的關鍵。

先不忙探討這種說法正確與否，我們來看一個故事：

蘇瑞一心想學髮藝，幾經周折後，她花高價拜了一名最受歡迎的理髮師為師。這名理髮師是一名四十來歲的女人，雖然她的店鋪不大，裝修也十分普通，但是新舊顧客不計其數。老闆親自教學，蘇瑞認認真真學藝三個月，終於可以正式工作。蘇瑞很有信心，認為自己定然可以一鳴驚人。

第二章　慎言：有些話，不說更好

　　這天，蘇瑞認真地幫第一位顧客理髮，但對方的頭髮有些稀少，理完髮後頭頂越發光禿了。顧客照了照鏡子，一臉不滿意地說：「你會理髮嗎？」這一句話，讓蘇瑞不知所措，本想說「你的頭髮本來就少」，但考慮到老闆說「顧客就是上帝」，她只能把話嚥下去，站在那悶聲不響。這時，老闆在一旁笑著解釋：「頭髮少證明智商高，一看您就是讀過書的人。」顧客聽罷，滿意而去。

　　收起沮喪的心情，蘇瑞又替第二位顧客理髮。這第二個顧客是個矮個子，坐在椅子上腳碰不到地，而且鏡子只能照到鼻子以上。蘇瑞只好把椅子往上調了調，才開始理髮。這次顧客倒沒有挑剔，只是邊付錢邊嘟囔：「椅子調那麼高，坐著都累。」蘇瑞一陣委屈，有心想拿對方的身高辯解幾句，這時老闆再次過來解圍：「調高椅子，是為了讓你盡可能多地呈現在鏡子裡。您是我們尊貴的客人，髮型不僅要與臉型配合，還要與體型、衣著等相符合，才能展現出整體的協調感。」顧客聽了，欣喜而去。

　　晚上下班，蘇瑞沮喪地對老闆說：「這些顧客只知道挑我們的毛病，為什麼意識不到自身禿頂或矮小的問題？今天幸虧有您及時解圍，否則我恐怕就要砸了您的招牌了。」

　　「不只是你，我也經常遭遇顧客的挑剔，只不過我善於化解這些問題，其中的關鍵就是會說話，」老闆正色說道，「每個人都有自己的尊嚴，都不希望被人當眾揭短。所以我們要想服

務好顧客,就切記替人留面子,且不可讓對方下不了臺。對我們來說,說話的藝術絲毫不比理髮的技術差,你明白嗎?」

這位女老闆真是機智靈活,能說會道,對於他人身上的缺點和毛病,即使她已經注意到了,也會盡量少發生揭短的事情。她每一次得體的解說都使徒弟擺脫了尷尬,讓顧客轉怨為喜,高興而去,有效地發揮了緩和衝突和消除衝突的作用。很顯然,這就是她能夠留住顧客、受人歡迎的祕訣。

這些雖然是表面工夫,卻代表著一個人是否為別人著想的教養。做不到這一點的人,是不可能贏得別人的尊重和青睞的。

請避免輕易挑戰別人的底線

以下是發生我身邊的一件真實事情,為了避免對當事人造成不必要的困擾,我暫且把他化名為李東來講述吧。

李東是一個有故事的人,他年輕時特別講義氣,曾因幫朋友出頭打架而身陷囹圄,經歷了一段牢獄生活。期間,李東深刻了解到自身錯誤,並決定出去後好好做人。但這件事一直是李東心中的一個結,不願提及,更不願觸碰。大家也都明白這點,所以在李東面前都會避免提到「監獄」、「犯罪」等字眼。

出獄後,李東經朋友馬強介紹,來到一家機械廠工作,因

第二章　慎言：有些話，不說更好

為勤奮能幹，今年被提拔為工廠組長的三名候選人之一。經工人們投票，獲得票數最多的人才能擔任工廠組長。由於李東表現優異，而且待人真誠，誰有困難，他都願意幫忙，有一半的人將票投給了李東。馬強也是其中一名候選人，見此情形，不禁急了，他大聲對大家說：「你們大家不知道吧？李東前幾年坐過牢。」

這話一出，工人們紛紛面面相覷，接著開始議論起李東為什麼會坐牢？有人猜是犯了搶劫罪，有人猜是犯了偷竊罪，甚至有人猜是犯了強姦罪。

看到大家用懷疑的目光看著自己，李東的面色一陣青一陣白，恨不得找個地洞鑽下去。在他心裡，他一生最大的敗筆就是坐過牢，犯過事，所以他從來不和別人主動說起。如今大家知道了，他在這個工廠應該會待不下去了吧！想到這裡，他覺得自己的生活頓時又陷入到了一片灰暗之中。

工廠主管一直很欣賞李東，他覺得李東絕對不是十惡不赦的人，於是拍了拍李東的肩膀，鼓勵他說：「每個人都會有犯錯的時候，重要的是能知錯就改。你能和大家說說，你年輕時犯了什麼錯嗎？」

主管的話很有安撫力，李東平復了一下自己的內心，開始將自己年輕時講義氣為人打架的事娓娓道來，並特地強調他已經意識到了錯誤：「其實，我一開始就應該跟大家說明這件事情，但是這是我人生最大的汙點，也是我不願觸及的底線。所

以,我才隱瞞了下來,沒有和你們說起,我不是故意的。」

令人意想不到的是,大家給予了李東熱烈的掌聲,彷彿是在表揚他勇於面對過去。至於馬強,工廠主管立刻免去了他的候選權。

馬強不禁大吵大鬧:「憑什麼要免去我的候選權?」主管說:「因為你的人品有問題。」

「人品有問題的應該是李東,他可是坐過牢的。」

「李東雖然坐過牢,但已經意識到錯誤,並誠心悔改,而你故意踐踏李東的底線,顯然是心思狹隘的表現,你這樣的人怎麼配當組長。」主管毫不留情地說。

聽聞這件事情時,我忍不住要為這位主管叫好。

每個人都有不願意被別人觸及的祕密,這是他們在人際互動中為自己設定的「底線」。說話時,我們一定要懂得在對方的底線面前止步,明白什麼是可以說的,什麼是不可以說的,不該說的堅決不能說,無論對什麼人都不能洩漏,這不僅是一種對他人的尊重,更是對自身教養的負責。

底線究竟是什麼呢?對不起,我無法給大家一個標準答案。因為經歷和心態的不同,每個人的底線自然也都不同。有的問題,在你看來可能沒什麼大不了,卻是別人心裡不能觸碰的傷痕。不過,每個人心中都有一片屬於自己的私密空間,這個空間除了自己之外,拒絕其他任何人的進入,哪怕是最親近

第二章　慎言：有些話，不說更好

的人，也無法突破那道底線。所以千萬不要輕易去挑戰他人的底線，除非你想失去這份關係。

我一向不喜以壞的心理揣測這個世界，但血淋淋的現實告訴我們，誰都有做人的底線，在與人說話的時候，一定要懂得察言觀色。底線，別去觸碰。你不犯他，相安無事；你若犯他，必被痛殲。因為無所顧忌的一句話，而無意間觸犯他人底線，引來莫名的厭棄、仇視或報復，實在得不償失。

某一年，A同學在大學宿舍用鐵錘殘忍地連殺四人，其中三人是與他同一個寢室的室友，引發了轟動的事件。

究竟和同學們有什麼深仇大恨，使得A同學如此殘忍下手呢？據調查，案發時正值寒假，A同學由於要找工作沒有回家，和B同學等幾個同學在宿舍打牌時，B同學懷疑A同學出牌作弊，兩人發生爭執。其間，B同學說：「沒想到連打牌你都做假，你為人太差了，難怪同學過生日都不請你⋯⋯」

這樣的話從B同學口中說出來，成為這起事件的導火線。B同學和A同學都來自鄉下，同窗學習、同宿舍生活了四年，A同學一直把B同學當作好朋友，十分看重這個好朋友，但他萬萬沒有想到，對方竟然這樣評價自己，「我很絕望，我在大學一個朋友也沒有⋯⋯我把他當朋友，他這麼說我，我就恨他。」盛怒之後的A同學無法平息內心的情緒，轉而動了殺機，導致悲劇發生。

A同學的性格、為人處世,肯定是有問題的,但性格內向、孤僻、自卑、不善交際,當然不能成為他殺人的藉口,主要原因在於B同學指責A同學人品差,觸犯了他的底線。在和同學相處中,他害怕受人鄙視。對於他而言,別人的冷嘲熱諷就是在挑戰他的底線,直到他的底線被衝破……

還是那句話,不要輕易挑戰別人的底線,因為你永遠不知道對方的底線在哪裡……

第二章　慎言：有些話，不說更好

第三章　暖言：
真正的會說話，是讓人心裡舒服

　　說話人人都會，但有水準高低之分、文野之別、優劣之異。同樣一句話，有的人說得讓人懊惱，有的人說得則讓人舒服，有一種如沐春風之感，這就是高手說話的工夫。若你也能如此，必將擁有好形象、好人緣、好口碑，處處皆和諧，離成功也會更近。

第三章　暖言：真正的會說話，是讓人心裡舒服

真誠比任何說話技巧都更具力量

在說話的過程中，我們靠什麼去撥動他人心弦？

少不更事的時候，我認為是思考敏捷、邏輯周密的雄辯，最使人折服；後來接觸演講之後，我認為聲情並茂、慷慨激昂的陳詞，最動人心扉。當我逐漸了解到說話的奧祕，才發現這些都是形式。如今我認為，在任何時間、任何地點去說服任何人，發揮作用的因素始終只有一個，那就是真情實感。

沒錯，最動聽的語言就是真情實感的流露。我們想要打動別人的心，不需要太多的慷慨激昂，也不需要如何縝密的思考，只要能夠動之以情，就可以打開人們的心扉。

春天來了，在繁華的巴黎大街上，站著一個衣衫襤褸、頭髮斑白、雙目失明的老人，在他身旁立著一塊木牌，上面寫著：「我什麼也看不見。」路上的行人來來往往，滿街滿巷，可是很少有人施捨。

這時來了一位詩人，他見這位盲人神情哀傷，拿起筆在木牌上寫了幾個字。下午詩人再次路過時，乞討者已收穫豐厚，他不解地追問：「好心的先生，不知為什麼，下午給我錢的人多極了。」

詩人聽了，微微地一笑。原來他把牌子修改為：「春天來了，可是我什麼也看不見！」

經詩人修改過的一句話竟有這麼大的魔力，原因何在？原來，這句話的魔力在於它有非常濃厚的感情色彩。春天是美好的，草長鶯飛、妊紫嫣紅，但這良辰美景，對於一個雙目失明的人來說都是虛設，這是多麼悲慘！當人們想到盲人眼前一片漆黑，一生中連春天都不曾見過，怎能不產生同情之心呢？

「感人心者，莫先乎情。」語言一旦注入了感情元素，就能隨風潛入夜、潤物細無聲，真正軟化、溫暖和焐熱人們的內心。

所以，當我們試圖去和別人交流時，不能虛偽做作，不能冷若冰霜，而要帶著真情實感。當我們在談話時貫注自己的真情，以飽滿的熱情和真摯的感情去面對別人時，你就會發現話語更富人情味、更具公信力和可信度。學會如此說話的本領，整個人也會看起來富有修養和內涵，讓人愉悅。

我的朋友蘇先生是一位能力突出，年輕有為的研究生，今年上半年剛剛「空降」到一家企業做主管。蘇先生本想大展一番手腳，卻發現手下幾個組長對自己很不服氣，認為自己年輕資淺，沒有資格做他們的上司。對此，蘇先生非常知趣，他想著自己初來乍到，趕快做出一番成績，等大家認可了自己就好了。但沒想到，這些人對他越發抵制，各種的不配合，工作陷入停滯。

「一開始，我覺得情有可原，因為他們尚不知我的能力高

第三章 暖言：真正的會說話，是讓人心裡舒服

低，不服氣是正常的。」蘇先生灌一口啤酒，緩緩嚥下，無奈地苦笑，繼續說道，「但是這半年，他們應該看到了，我對待工作認真負責，期間我發現了改進工作的好方法，也經常發表一些獨到見解，但為什麼他們還是不願意配合我？」

為了儘早找出原因所在，幫蘇先生解決這種苦悶，我決定去他的辦公室坐坐。很快我就發現，蘇先生和手下說話時，總是全程沒有一點表情，冷若冰霜。觀察後，我指出了這點：「這就是你無法做出成績的原因，你的語氣中沒有絲毫的善意和情感，因此大家回饋給你的只能是冰冷和敷衍。」

此後，蘇先生改正了這個缺點，與人溝通時他開始傾注情感，讓人們感受到自己的真誠和善意。在一次會議上，他推心置腹地跟大家說：「你們都是這裡的中堅力量，我的資歷、能力都不足，要叫我來負責，其實是趕鴨子上架。在座的各位都是我的良師益友，我的工作要是沒了你們的支持，將一事無成。所以，我不依靠你們，又依靠誰？」蘇先生一席自謙而又推心置腹的話，充滿了「情誼」的重量，使得聽者心生感動，再也不好意思與他敵對了，他的事業也隨之有所起色。

不久，一位工人上班時不慎軋斷了手指，蘇先生當即派車把他送到醫院治療。工人出院後，擔心自己留下殘疾而工作不保，便戰戰兢兢地去找蘇先生。聽了工人的哭訴，蘇先生說：「你是在公司上班受的傷，而且我們所有工人都是一家人。你放心，我會合理安排適合你的工作，並向上級申請賠償。」這

話說得讓人動情，工人當即感激涕零，全公司員工獲悉此事後也分外感動、幹勁倍增。

蘇先生的境遇為何發生了極大的改變？原因就在於，他後來的語言中充滿了感情，以動之以情、示之以行的話語讓手下放下了戒備心理，消除了彼此之間的隔閡。再加上誠懇的態度更加贏得了眾人的信任。可見，真誠的語言比任何說話技巧都有價值，比任何慷慨激昂都令人觸動。

是的，說話不是敲擊鑼鼓，而是敲擊人的「心鈴」，而敲擊人「心鈴」的最好方法就是情真意切。熟知我的人應該知道，我算是人緣很好的一個人，如果有人問我靠什麼魅力凝聚著社交界如雲的朋友，我的回答是——真實、真情、真誠，說話時情真意切，是一種人格修養，更是人格魅力的展現。

說話雖不能被感情牽著鼻子走，但情感是交流思想的祕方，是決定問題的訣竅。真情至，理便通。將以聲傳情作為表情達意的方法，說一番情真意切的話令人心動，做一個情真意切的人讓人尊敬，你的人際關係將變得和諧融洽，看似困難的工作將變得輕而易舉……如此種種，不正是你所追求的嗎？

第三章　暖言：真正的會說話，是讓人心裡舒服

將心比心，才最能打動人心

你有「同理心」嗎？如果有，那麼恭喜你。在說話的過程中，「同理心」相當重要。在論述說話之道時，我也經常會特別強調「同理心」這個詞。

什麼是同理心？同理心是一個心理學概念，是指在說話的過程中，體會他人的情緒和想法、理解他人的態度和觀點，並站在他人的角度思考和處理問題。這就是我們經常提到的善解人意、將心比心的做法。

胡彬是我在酒吧認識的一位朋友，他總是鬱鬱寡歡地坐在角落，一個人悶頭喝酒，看上去好像很多心事。在好奇心的驅使下，我嘗試著和他聊天。酒精真的是很神奇的東西，可以讓寡言的人暢所欲言，也能讓陌生人迅速變成熟人。胡彬坦言：「為什麼我總是人際關係緊繃？說實話，我與周圍人的關係都很緊繃，無論是親人，還是朋友，還是同事，時常溝通不暢，然後爭吵、疲憊直至冷戰……身邊的人我總能找出不喜歡對方的理由，所以儘管我不想搞僵關係，卻經常把事情搞砸。」

換做以前，我一定會直言：「人際關係出了問題，怎麼可能都是別人的錯呢？自己身上肯定也有問題啊！」幸運的是，我了解到了「同理心」的重要性，提醒自己要專注地體會胡彬的感受和需求──他很鬱悶，人際關係緊繃，令他感到焦慮

和擔心,他希望能盡快改變這一狀況。一想到這點,我不再介意他喋喋不休的「抱怨」了,反而同情他,「這種感受一定不好受吧?我非常理解你。」

「我不知道該怎麼辦?」胡彬無奈地聳聳肩。

「如果你信得過我的話,」我笑著回答,「我建議,在溝通中,你要學會把自己當作別人,把別人當作自己。」

看著胡彬一副不甚理解的樣子,我進一步解釋道:「這說的是人與人之間應該相互體諒,在溝通中,我們不能只考慮自己,而要時常考慮,假如我是他的話,我會怎麼辦、怎麼想、怎麼做?如果你說話時能有這種『同理心』,相信你在人際關係中必將少了爭吵,多了理解;少了矛盾,多了和諧。」

這一點很容易理解,每個人的成長背景、受教育程度,所處環境以及心境不同,對同一事物的認知也不盡相同,必然會導致雙方在觀念、做法上的分歧。人與人之間之所以有太多的隔閡和爭吵,一個很重要的原因就是當事人過分強調個人感受,從自身角度看問題,傾向於指責別人的問題,這是一種無意識的、自動化思考,無怪乎彼此之間的心牆怎麼也打不破,溝通不暢是必然。

捫心自問,遭遇人際困擾時,你是不是也總會認為別人的問題更大?

要想改變這種狀況,我的建議便是「同理心」。把自己放在

第三章 暖言：真正的會說話，是讓人心裡舒服

對方的處境思考，充分了解對方的價值觀、人生觀，以及思考問題的方式，從而消除彼此間的隔閡，達成共識。事實上，和諧的溝通關係，就是有能力進入對方的思考模式，也讓對方進入我們的思考模式中，進而真正達成一種共識。

人心都是肉長的，推己及人，將心比心，當一個人對其他人的言行都是站在對方角度上考量的，自然就能夠輕鬆地把話說到別人的心坎上，不但能使溝通更加順暢，還能增進雙方的了解、加深雙方的感情。不管你是否有過體驗，同理心總是能夠讓一個人看起來富有涵養，也必將處處逢源。

胡彬希望培養自身的「同理心」，問我有沒有這方面的典型，我推薦了以下這個故事。

李念是一家公司的專案主管，他的工作能力很強，人際關係也很好，下屬們都喜歡和他談心，以至於其他部門的主管都很羨慕他，也紛紛向他「求取真經」：「李主管，你可真行，下屬都愛和你聊天。我們的下屬，看見我們就跟耗子見了貓似的，趕緊躲得遠遠的。你給他們吃了什麼迷魂藥了，讓他們那麼喜歡你？」

李念笑笑，說道：「我的迷魂藥就是心藥。」「心藥？」大家很迷惑。

李念回答：「就是將心比心。」接著他講了一件事情。

李念剛剛畢業的時候，進入一家公司做設計工作。剛開始，主管就安排他拿著自己的設計圖去見客戶。他所拜見的幾

個客戶都是業內的菁英，雖然他們從沒有拒絕見他，但從來不認可他的設計圖，總是挑出各種毛病，然後拒之門外。多次的挫敗令李念不知所措，後來他從一本書中發現了這樣一句話：「換位思考，將心比心，可以快速解決難題。」令他如夢初醒。

第二天，李念帶著新的設計圖再次拜訪這些客戶，毫無例外，他們依然挑出各種毛病。以前一聽到指責，李念的第一反應是抗拒，臉色會變得很沮喪，但現在他開始提醒自己要用心體會對方的感受和需求：「我明白您對這個專案寄予厚望，希望我們拿出最好的水準。為此，我想請您指點我一下，您有哪些好的想法或建議，我們好一起把它完成。」聽到這樣的話，這些客戶不再急著趕李念出去，而是一言不發地看看設計圖，然後提出幾點建議。李念認真地記下了他們的話，然後把設計圖帶回公司，按照客戶建議認真完成，再詢問，最終直到他們滿意為止。

對此，李念解釋道：「當我用心感受客戶的感受和需求後，我關注的是如何滿足他的需求，而不是他對我的語言攻擊和指責。後來他們提供建議，他們就成了設計人，結果就容易認可這些草圖了。這就是換位思考、將心比心的力量。現在，部門內部無論遇到什麼問題，我都會先站在員工的角度考慮問題，然後再下結論。員工覺得我很理解他們，不是一個獨斷專行的冷血主管，自然就願意和我親近。」

可以看出，李念熟諳同理心在說話過程中的重要性和必要性，他及時跳出以自我為中心的思考模式，試著從別人的角度

第三章　暖言：真正的會說話，是讓人心裡舒服

和立場看問題，盡量了解並重視客戶和下屬的想法，那麼對對方的所思所想所喜所忌全都瞭如指掌，自然就能化被動為主動，迅速贏得諒解與認同，從容應對各種嘈雜擾攘。

在這裡，強烈推薦大家讀讀這本書——《非暴力溝通》（*Nonviolent Communication: A Language of Life*），作者馬歇爾‧盧森堡（Marshall B. Rosenberg），這本書告訴我們非暴力溝通的原則和方法，其中「同理心」是非常重要的一部分內容。

此書篇幅較長，如果沒有時間通讀，那你至少讀一讀下面的要點。非暴力溝通的四個要素：觀察、感受、需求、請求。

某些語言和表達方式，雖然致力於滿足某種願望，卻傾向於忽視人的感受和需求，以致彼此的疏遠和傷害。這些方式包括：批評、指責、辱罵、歸類、比較、評論。

一旦專注於彼此的觀察、感受及需求，而不反駁他人，我們便能發現內心的柔情，對自己和他人產生全新的體會。

溫言一句，如口吐蓮花

臨近畢業之時，我準備去一家世界 500 強企業面試，面試的前一天晚上我做了一個夢，夢到自己一個人行進在一條向上的山路上，路很窄，只夠一個人走。路很長，彷彿沒有盡頭。

溫言一句，如口吐蓮花

我覺得這個夢似乎有些深意，便告訴了室友們，讓他們幫自己分析一下。一位室友一聽，連拍大腿說：「你還是別去面試了，這次肯定過不了。你想想，山間的小路通常相當崎嶇難走，這預示著你選擇這條路的話，將會面臨諸多困難和阻礙，不如提早放棄。」

我一聽，頓時有些懊惱，變得心灰意冷。

這時，另一個室友說：「我倒覺得，你這次一定要去試一試。你想想，你走的這條山路是向上的，預示著你在事業上會得到提拔，是吉兆。而且，路很窄，只夠你一個在走，這不說明你能從眾人中脫穎而出嗎？」

我一聽樂了，於是精神振奮地參加面試，最終被成功錄取。

同樣一個夢，兩個室友卻有不同的解析，帶給我個人的感受也不盡相同，這正是「良言一句三冬暖，惡語傷人六月寒」。

「良言一句三冬暖，惡語傷人六月寒」，是我很喜歡的一句古詩，也常常以此提醒自己，作為人與人之間交流傳遞的介質，語言對人的感受和情緒會造成直接的影響。要想交流達到最好的效果，傷人情感的話不說，尖酸刻薄的話不說，落井下石的話不說，要多說良言才好。

後來，我聽到一個故事，更加深信這一點。

美國發明家亞歷山大・貝爾（Alexander Graham Bell）年輕時就開始實驗研發電話機，這是一個十分艱辛的工作，他決

第三章 暖言：真正的會說話，是讓人心裡舒服

定招募一名助手，不久電器技師華生（Thomas A. Watson）通過重重考核入選，那時的貝爾還沒有很大的名氣，甚至只是剛剛自學完了電磁學理論知識，但貝爾那堅持永不放棄的精神深深感染著華生，於是，這兩個年輕人慢慢產生了友誼的火花。貝爾對華生在電器方面的專業很佩服，而且很欣賞他的踏實能幹，甚至不止一次對外宣稱：「華生是我見過的最優秀的助理，他甚至連一些很細微的細節都想到了，而且他處理得很好。我毫不猶豫地說，這是一個優秀的、令人欽佩的年輕人。」

在華生的幫助下，貝爾的電話實驗獲得越來越龐大的成就。他們整天關在辦公室裡，不斷地推倒一個又一個的設計方案。但很可惜，熾熱很快變冷了。兩年單調的設計方案，重複的加工製作，使得華生的熱情開始熄滅，他心灰意冷，甚至對貝爾開始產生懷疑。然而，比這更壞的是，他開始用語言打擊貝爾，他說：「貝爾只是一個做夢的思想家，是永遠不可能成功的。」因為在他看來，每天吃著殘羹冷炙，工作十六、七個小時，貝爾的工作簡直就像一個傻瓜所做的事情。

一時間貝爾很生氣，甚至心灰意冷。他勸過華生，希望華生能珍惜彼此的友誼，要管好自己的嘴巴，但華生的回話卻深深地傷害了貝爾。華生說：「我不願與傻瓜做朋友，永遠不願意。」華生的話讓貝爾陷入了困境，他開始懷疑自己是否能夠成功，因為研究一直停滯不前。

直到有一天，電磁泰斗亨利（Joseph Henry）先生拜訪貝爾，他靜靜聽了貝爾的傾訴，說道：「我相信你。」

就是這句短短的話，讓貝爾立刻精神煥發。他相信亨利，更相信自己，他在報上登出一則與華生結束友誼的消息。這是貝爾一生中唯一一次在報紙上公開與朋友的決裂，而且是那樣的決絕。擺脫華生影響後的貝爾，很快進入了工作狀態。經過一番艱辛的探索，兩年後的西元1878年，貝爾在波士頓和紐約進行首次長途電話試驗，通話成功。一時間，貝爾和他的電話轟動全世界。

在貝爾老年時的紀錄本上，記載著這麼幾句話：「對於友誼，我們要用真誠灌溉，然而友誼實在過於脆弱，一點風言風語就會傷害它。一些來自對方惡意的語言，往往使我們失去友誼，我和華生之間也是如此。如果他能夠管好自己的嘴巴，也許我會很樂意一直做他的朋友。」

華生老年時寫的回憶錄中，提起與貝爾一起做試驗時的枯燥日子，他把這段日子稱為他這一生最有價值的一段日子。他提到他非常後悔，因為管不好自己的嘴巴，失去了一位最真誠的朋友。

與人打交道，我們常常也會有這樣的感慨：這個人真會說話，聽著舒服，讓人如沐春風；那個人說話怎麼那麼難聽，聽了讓人痛苦難受，甚至記恨多年。

第三章　暖言：真正的會說話，是讓人心裡舒服

　　口能吐玫瑰，也能吐蒺藜。真正傷害人心的不是刀子，而是比它們更厲害的東西──語言。人的一生就是說話、做人和做事。一個人的修養和教養，大半都表現在說話當中。既然每個人都希望聽「良言」，我們在說話之前就要多加考慮，要對自己說的話負責任，不能出口傷人，傷害別人。

　　語言是一門奇妙的學問，同樣的一句話，說話的差別，帶來的結果也是截然相反的。就像同樣的菜，同樣的配料，換作不同的人來做，味道也會有差別。那些有教養的人說出來的話一定會給予人溫暖甜蜜的感覺，使他人樂意傾聽與接受，若你尚未達到這種程度，則須好好修練自己的言語表達。

　　惡言不出口，苛言不留耳，這是我們應該具有的修養和教養。如果人人都口吐「良言」，這世界將變成美好的人間，多好。

熱情開口，幸運與機會自然來敲門

　　無論在職場還是生活中，我們每天都會與形形色色的人打交道。稍加觀察就會發現，有的人沉悶木訥，有的人則熱情活潑。每種性格都有獨特之處，在這裡，我無法評判哪一種人更好，但有一個事實不得不承認──當一個人在言語方面表現

出熱情時,別人就會給予你更高的評價。

美國的社會心理學家哈特曼(Hartmann)曾經做過一個關於選舉的實驗,在選舉之前他把競選的宣言以平鋪直敘和熱情激昂兩種方式各準備一份,但內容完全相同。兩份宣言同時印發傳播,統計之後發現選民絕大多數都投票選擇了熱情激昂的一種。

說話亦是如此,熱情的說話方式至關重要。因為它可以表現出說話者的自信和勇氣,並且迅速地感染對方,使說話的氣氛變得輕鬆愉快起來,也會讓人覺得你更易接近和更好相處。相反,如果一個人說話時平鋪直敘、沒有起伏,只會說是與不是,那麼就會讓人覺得和你交談沒有樂趣。

沒有熱情,溝通是很難更好地完成的。對方都感覺不到你的熱情,那麼又怎麼願意和你交談呢?又怎麼能夠敞開心扉呢?這就是為什麼有的人三言兩語就能迅速讓別人喜歡,並且做什麼事情都能獲得好的成績;可有的人即使說得再多,也無法獲得好的人緣,還可能四處碰壁。

我的表妹是一家化妝品專櫃的業務員,這段時間一說起自己的工作,她就唉聲嘆氣。細問之下,表妹苦悶地說道:「去年,我們店裡新來了一個同事,叫艾笑。按理說,我的經驗比她豐富一些,業績應該比她更好!可令我搞不懂的是,儘管我每天都努力地向顧客推銷,有時候嘴皮子都快說破了,還贈送

第三章　暖言：真正的會說話，是讓人心裡舒服

試用品，可業績就是沒有艾笑高。這個問題產品經理也提出了幾次，還時常拿我們兩個人的業績做對比，就好像我對待工作不認真、不負責一樣，這讓我心裡不是滋味。我不知道我是否還適合這個職業。」

「那你有沒有觀察過，艾笑平時是怎麼與客戶溝通的？」

「觀察過了，」表妹撇了撇嘴，「同樣是與客戶溝通，艾笑總是能夠和客戶熱情地聊上幾句。比如有小妹妹來買化妝品，她總是熱情地問『你們上大學了吧？功課累嗎？』、『我沒有上過大學，真是羨慕你們！』；遇到帶著孩子來諮詢的顧客，艾笑總是會從口袋裡拿出孩子愛吃的小糖果，然後說『孩子今天乖嗎？最近流感很嚴重，姐姐你可要注意些，不要讓孩子染上流感了！』」

聽完這些，我不禁為這個叫艾笑的女孩叫好：「這就是艾笑的高明之處，你以後可要多跟著她學習這樣對待顧客才是。」

但表妹卻有些嗤之以鼻：「只要我真誠地為客戶服務，介紹給她們需要的產品就行了，為什麼還要費事去客套呢？要我說，這種熱情，就是一種虛偽。」「不，不，」我想讓表妹儘早了解到熱情的重要性，進一步解釋說，「因為艾笑總是熱情地問候每個人，所以也感染了對方，讓對方的情緒也跟著『熱』起來了。更重要的是，艾笑的熱情並不是為了銷售產品，而是發自內心的問候，所以很多顧客才願意和她打交道，並且願意

照顧她的生意。」

表妹這才恍然大悟……

在相互來往中，人們心中往往會本能地替自己砌上一道牆。因為，他們會害怕自己遭受到某種不確定的損失。面對這種情況，不管我們怎麼努力地去講道理，很有可能對方根本就聽不進去。解決這種情形最有效的辦法，就是用滿腔的熱情來對待他們，他們才會真正打開心門。這，就是熱情的力量。

或許，在某個時段，熱情帶來的效果並不明顯，看不見也摸不到，但是它那相當大的感染力會慢慢展露出來，就像點火燃柴一樣。如果你想點燃一堆柴火，最重要的就是要有一個點燃它的火源。在說話中，別人就是那堆柴火，而你就是火源。只要你有足夠的熱情和熱度，總有一天能夠燃起熊熊烈火。

賴瑞·金（Larry King）是美國有線電視新聞網著名的脫口秀主持人，他在節目中總是以飽滿的熱情主持，喜歡與人互動交流，善於煽動氣氛，這使得他在眾多主持人中脫穎而出，受到觀眾的高度關注和熱情追捧。關於自己的成功經驗，賴瑞·金總結說：「談話時必須表現出你的熱情，讓人們能夠真正地共享你的真實感受。不管和任何人交談，熱情地開口說話，你就會得到你想要的回報。」

有一句話說：「熱情開口，就必然成為使別人屈服的第一流演說家。」

第三章 暖言：真正的會說話，是讓人心裡舒服

別再懷疑熱情的神奇力量了，不管與什麼人交談，我們都要帶上自己的熱情，而不能只做陳述事實的講話者。當你表現得熱情大方，人們才會感到精神放鬆，並且第一時間對你印象美好，這就為進一步的談話奠定了良好的基礎。其結果必然是，不管你走到哪裡都可以深受歡迎，脫穎而出。

懂得「打圓場」，氣氛更融洽

有一道非常經典的面試題：「如果你是一名男性飯店服務生，在打掃房間時，意外看見一位女性顧客正在洗澡，你會怎麼辦？」

當我問及身邊人時，不少人表示自己肯定慌了手腳，會立即道歉：「對不起，小姐，我不是故意的。」然後迅速退出房間。

但道歉真的能解決問題嗎？恕我直言，這樣的處理方法除了表達你的認錯態度還算良好之外，並不能消除顧客的不滿心理，顧客該投訴的還是會投訴。那該怎麼辦？

聽聽一家國際飯店經理的絕妙回答吧：「對不起，先生，我不是故意的。」有些朋友可能質疑這個回答，顧客明明是個女士，為何要稱作先生？但如果換一個角度思考，顧客生氣的根本原因是什麼？是你看到她了，這無疑令對方尷尬至極。加

懂得「打圓場」，氣氛更融洽

一句「先生」，表示你只知道裡面有人洗澡，但沒有看清男女，顧客心裡會怎麼想？肯定是認為你沒有看清她，她保住了面子，內心就會是竊喜的。

之所以提及這個面試題，是因為金無足赤，人無完人，每個人都有尷尬、失誤的時候，尤其是在人多的場合，面子上自然過不去。這時如果有人能及時「打圓場」，憑三言兩語力挽狂瀾、扭轉局勢，保全對方的面子和尊嚴，那麼自然會贏得對方的好感，在人際關係中獲得良好效果。

幾年前，我曾看過著名主持人吳宗憲主持的一檔選秀節目，一次節目中，四位參賽的美女選手秀了一段舞蹈，可能是因為緊張的緣故，有兩位選手在舞蹈的過程中都出現了一些失誤。結束之後，幾個女孩覺得自己的這次表演搞砸了，都表現得相當局促不安，有一位甚至抹起了眼淚。

頓時，現場的氣氛變得尷尬起來，我也不禁為幾個選手心裡捏了一把汗。這時，吳宗憲站出來說了這樣一番話：「雖然你們當中有人出錯了，但沒有關係，我主持時也不免會出錯。而且我覺得，剛才你們失誤的那個動作，反而表現出了你們可愛率真的一面。表演大師卓別林（Charles Chaplin）說過『全世界最精采的演出，就是出錯的那一次』，這句話用在這裡再合適不過了。」

幾位女孩被吳宗憲的這番話逗得破涕為笑，現場尷尬的氣氛頓時一掃而空。

第三章　暖言：真正的會說話，是讓人心裡舒服

在表演過程中出現失誤，女孩們心裡肯定很不安，而吳宗憲巧妙的藉卓別林一句名言安慰開導她們，說他們出錯的樣子是全世界最可愛的。如此貼心體諒的話語，聽起來讓人十分舒服，並且給對方一個臺階下，快速化解了對方的尷尬，消除了先前不快的心理，這樣高智商的說話技巧讓人真心稱讚！

什麼是「打圓場」？個人理解，「打圓場」就是用一些比較圓滑的話語調解糾紛，化解矛盾、避免尷尬、打破僵局、化解尷尬。「打圓場」不同於「和稀泥」，它不是不著邊際的奉承，更不是油腔滑調的詭辯，而是一種滿懷善意的說話藝術，反映著一個人的機智、情商和修養。

據我觀察，那些善於「打圓場」的人就是處事功底深厚的人，情商都不低。無論出現什麼情況，他們都能保持高度的冷靜，使自己不失態，使對方不失面子。如此，能夠維護交際活動的正常進行，更能讓別人對你刮目相看。

我的大學同學魏婷可謂一位「打圓場」的高手，她不會主動去得罪別人，還懂得怎麼去化解尷尬。如果遇到什麼讓人尷尬的地方，她三言兩語就把人哄得開開心心，可以很快地平復他人情緒，所以十分受歡迎！

一年春節期間，我們大學同學們歡聚一堂，回憶當年的美好時光。見面之後大家分外親熱，聊得十分高興。就在這時，一位男同學也許是因為喝了些酒，跟一位女同學開玩笑地說：

懂得「打圓場」，氣氛更融洽

「你當初可是主動追求我的，現在還想我嗎？」這位女同學已經結婚生子，聽到這樣的話臉色一變，氣呼呼地說：「精神病！」

這位女同學的聲音很大，當時我們所有同學都不敢說話了，場面一下子變得很尷尬。這時，魏婷急忙走了過來，然後摟著那位女同學說道：「我記得你上學時的口頭禪就是『精神病』，以至於我一想起你來，腦海裡第一個蹦出的詞就是──『精神病』，現在這可是流行語，原來幾年前你就引領潮流啦。」

一番話，讓大家哈哈大笑了起來，之前的尷尬頓時煙消雲散。大家都想起了大學時的美好生活，不由得七嘴八舌互相開起了玩笑。

不只如此，據我所知，工作後的魏婷的「一次」打圓場更值得稱讚。

那天中午，魏婷和主管在外地出差。中午辦完事後，主管心血來潮帶著魏婷去逛購物中心了。主管來到一家 Adidas 門市，看著裡面琳瑯滿目的運動鞋挑挑揀揀，然後拿起一雙運動鞋讓店員幫忙拿 37 號的試試。鞋子拿來後，主管試了試，覺得有些大，請店員換小一號的鞋。當店員重新拿來 36 號的運動鞋時，主管試穿後發現鞋子緊了一點，穿著不舒服，就不打算買了。這時候，店員不高興了，對著主管說道：「哼！居然不知道我們家的鞋有半號的，真是老土。」主管聽後尷尬極了，不知該怎麼回答。

第三章　暖言：真正的會說話，是讓人心裡舒服

　　這時，一直在旁邊耐心等待的魏婷回道：「我們主管平日裡忙，她的衣服鞋子都是我們幫忙買的。只是今天有空才自己來買鞋。」店員聽了魏婷的話，臉紅一陣白一陣，對主管和魏婷道歉後，悻悻地走了。

　　這件事就這樣平靜地過去了，主管很感謝魏婷。後來每次出差都帶著魏婷，工作上更是對魏婷關照有加。事後，主管曾回憶當時的店員咄咄逼人，讓她尷尬不已，不知道怎麼面對這一切時。沒想到，魏婷用一句話化解了當時的尷尬，保住了她的顏面。這次事件讓她發現魏婷是一個難得的人才。魏婷思考敏捷，應對危急場面能及時想辦法去化解。主管相信在以後的工作中遇到任何困難，她都能夠及時解決。

　　看到了吧，千萬不要小瞧「打圓場」的作用。聊天爭論中，需要靈活應變地打圓場的事往往很多。有時要為自己的過失打圓場，有時要為上司的過失打圓場，有時要為他人的爭吵打圓場。善於打圓場的人，總能用一種善意的、理解的心情，找出尷尬者陷入僵局的原因，想出好的圓場辦法，使氣氛由緊張變為輕鬆，由尷尬變為自然，最終達到「你好我好大家好」、和和氣氣收場的目的。

　　人際互動中，尷尬是頭等大忌，它會讓人坐立難安。如果現實生活中你是一個「打圓場」的高手，那麼你必將提升自身人緣魅力，獲得別人更多的賞識和信任。

應對拒絕，也要會打「人情牌」

生活中，你是否有過這樣的遭遇：

你在大城市工作，時不時就要來一群親戚朋友遊玩，需要你陪吃陪喝不說，還得各種陪玩陪買。

你開心地跟朋友宣布下個月要去法國出差，朋友立刻列了一個長長的購物清單給你，希望你代為購買。

「求幫忙湊團殺價，殺價成功就能 0 元獲得某某福利！」社交平臺裡，你是否也經常收到這樣的請求。

⋯⋯

這些事情都有一個共同的特點，對方提出的要求恰恰是你可以滿足又多少有些不便的。這時候，有些人心腸好，臉皮薄，耳根子軟，抵不上別人幾句懇求，寧願自己麻煩，也希望向別人提供便利。你是否也是這樣的人？我要提醒你，這樣的代價往往是犧牲自我，好心只會讓別人不為你考慮，隨時隨地找你幫忙做事，你做好了還好，你有事剛好不能做，那麼對方很可能懷恨在心⋯⋯

許多人不敢拒絕別人，因為一旦拒絕，必然增加對方心中的不快和失望，可能還要承受幾分不善良、不友好、不念舊情的道德譴責。

第三章　暖言：真正的會說話，是讓人心裡舒服

「不，這件事我真的辦不到」、「不行，我實在沒錢借給你」……在遭受這些拒絕時，你的感覺怎樣？你會很高興、很客氣地說「沒關係」嗎？恐怕不會。

拒絕給人的感覺往往是無情的、嚴厲的，相信很多人會覺得沒有面子，覺得不被重視，難堪，怨恨和不滿，甚至乾脆轉身而去，再不相見。

為了避免大家陷入這種兩難的境地，在這裡，我決定提供一套好的拒絕說辭。更清楚地說，拒絕的時候，我們不僅要考慮自己的立場，更要顧及對方的心情和面子，盡量讓拒絕充滿人情味。只有這樣才能讓我們的話語不失親和力，將對方不快的情緒控制在最小範圍內，也就不易破壞彼此的關係。

我的鄰居李老師是一名優秀教師，教了二十多年數學，可謂桃李滿天下。現在李老師退休，可還是想教書育人，把自己的所學所得交給孩子們。於是，兒女幫他想了一個好主意——創辦一個數學補習班，替那些想要提高成績的孩子補補課。既能為自己找一個事情做，又能幫助孩子們提高成績，一舉兩得。

沒想到，李老師的補習班一開班，原先學校的學生家長就紛紛報名。因為所有的家長都望子成龍心太切，知道李老師教學經驗豐富，對孩子們又認真負責，都想要把孩子送過來。結果，沒到半個月的時候，李老師的培訓班就滿了。可還是有一

些家長慕名前來，希望能夠讓李老師收下自己的孩子。

某天晚飯後，一位家長就領著孩子來到李老師家，還帶了很多禮物。這位家長客氣地說：「李老師，你就收下這個孩子吧！他之前就在您的班上，成績還算不錯。可您退休之後，這孩子就不好好念書了，現在成績退步得厲害！」

李老師聽家長的話，也為孩子和家長著急，可自己就弄了一個小小的補習班，實在是裝不下那麼多人！更何況，學生人數太多的話，他一個人也教不過來！所以，李老師真誠地說：「我也知道您為孩子的成績著急，可是我們的補習班已經滿了。小小的教室已經擺滿了桌椅，實在是坐不下了！」

可家長還是苦苦地請求：「這孩子成績不好，我實在是著急！不然，您就給他一個小板凳，讓孩子在旁邊跟著學就可以了！」

「這哪行！」李老師聽了，立即說，「這不是委屈孩子嗎？這樣即使是孩子來了，也不一定能學得好！其實，我非常能理解你們家長的心情，孩子學業成績上不去，肯定比誰都著急！我沒退休之前，也有很多家長來找我，諮詢讓孩子提高成績的方法！但是，你看看我這個地方，就這麼大的空間，實在沒有辦法坐得下那麼多人。」

家長還想說什麼，李老師接著說：「更重要的是，即使能夠坐得下，我一個人也管不了那麼多孩子！孩子來了，沒有個好的位置，我也管不了多少，學習效果也好不了，是吧？您

第三章 暖言：真正的會說話，是讓人心裡舒服

看這樣好嗎？等我找到大的地方，安排好課程時，您再帶孩子來，可以嗎？」

聽到李老師這麼說，家長的心情舒暢了許多，於是對李老師說：「謝謝李老師能夠理解我們的心情。等您安排好課程時，有了名額和好的地方，一定要通知我！」

李老師成功地拒絕了這位家長，而對方也沒有什麼不滿的情緒。這是因為，李老師說話帶有人情味，懂得體諒家長的苦心，並且從孩子的角度出發，說明「如果位置不好、老師管不過來，學習效果肯定也不會好」這個道理。這樣一來，家長自然就能聽進去他的話，並且理解他的苦心了。

說「人情話」並不是虛偽，而是一種高情商、高教養、高修養的表現。可以說，直接而不留餘地的拒絕，就像是刺向對方胸口的一把短刀，雖不致命，卻傷人。如果我們把拒絕說得富有人情味，讓拒絕的話聽著更舒服，那麼，對方不僅會心甘情願地接受你的拒絕，還不會產生任何的反感。

比如，有同事好心地邀請你一起吃零食，而恰恰你此時此刻不想吃。如果你直接說不吃，就算後面加一個「謝謝」，也會讓人覺得你「不知好歹」。接下來，對方恐怕就不願意和你交流了，甚至覺得你是一個不好相處的人。

可如果你換一種說話方式，拒絕之前先說一些「人情話」，那麼效果就會不一樣！

比如你可以說：「這個東西挺不錯，一開始我就聞到香味了。但是我最近牙不好，沒有這個口福！你趕緊吃吧。」或者說：「親愛的，還是你最好，有好吃的都能想到我。不過，我今天肚子有些不舒服，你只能一個人享用美味了！」聽了這兩句話，你是不是有不一樣的感覺？如果你是那個同事，是不是也不會因為這樣的拒絕而心生不快？

可見，拒絕的話並不難說，關鍵就在於你怎麼說。

第三章　暖言：真正的會說話，是讓人心裡舒服

第四章　禮道：
優雅的談吐，讓人更喜歡你

　　語言如同一個人的「金字招牌」，比任何裝飾都更重要。說話要有「口德」，口德就是說話的道德，就是說話要行言談之禮，不用粗野庸俗甚至下流的詞語，多用文明有禮用語。這種好的語言習慣往往能表現一個人的好素養、好修養，進而在眾人之中脫穎而出。

第四章　禮道：優雅的談吐，讓人更喜歡你

一個人的品德，從「口德」看得出來

　　我老家的鎮上有一個年輕人，叫陳明，三十多歲，要工作沒工作，要事業沒事業，同齡人的孩子都上小學了，他卻依然是無妻無子的光棍一條。後來他跟著鎮上一位老理髮師學手藝，出師後便開了一家理髮店，但據說從來就沒盈利過，幾年下來賠的錢加利息壓得全家人喘不過氣，家境日漸沒落。

　　陳明長得很清秀，看著也不壞，為什麼這麼不爭氣呢？仔細觀察後，我發現，陳明口德很不好。也許早早就進入社會的緣故，身上沾染了不少壞的習氣，一張口就邊說邊罵的，說一些不文明的髒話，喝起酒來更是口無遮攔。有些人好言相勸，他還罵人家多管閒事，再說就瞪著眼睛跟你吵。

　　幾年前，一位鄰居見陳明踏實能幹，便向他介紹了妻子的一個表妹，希望兩人能夠喜結連理。陳明和女孩在見面之前，透過通訊軟體聊了幾次。女孩是一位辦公室文書人員，文靜可愛，長相也不錯，所以陳明對女孩非常滿意，而女孩也心有好感。於是，兩人便約好見面的時間和地點，好進行進一步了解。

　　這一天，兩人約好了上午10點在某一咖啡廳見面。出於禮貌，女孩早到了10分鐘，可陳明卻遲到了15分鐘。第一次見面就遲到，本來就讓女孩留下了不好印象，可陳明卻沒有絲毫的歉意。他一坐下來，就大聲地叫來了服務生，說：「服務

生,說你呢,給我來一杯冰開水。」喝完了水之後,陳明才對女孩說:「你早就到了吧!我就比較不順了,塞車塞了半個多小時!真是倒了八輩子楣!」一聽這話,女孩之前對陳明的好感全部消失了,回去之後,她就和鄰居表達了自己的拒絕,並且刪除了陳明的聯絡方式。一段戀情尚未開始就結束了!這讓陳明大受打擊,言語上更是不文明,很多人看到他就離得遠遠的。

或許陳明本身比較隨性,不拘小節,並沒有什麼不良的行為,僅僅憑藉幾句話,這個女孩就將陳明拒絕了,有些人是不是覺得有些小題大做?但在我看來,在與人談話的過程中,第一印象是非常重要的,它直接關係到你是否受人歡迎,乃至人際關係的好壞。而除了我們的儀表、服飾、姿態之外,文明有禮的話語則是最關鍵的,它直接決定了你能否讓人留下良好的第一印象,你的話是否有人願意傾聽。

這一點毋庸置疑,說話過程中,最忌諱的就是不文明的言談。如果一個人說話文明,那麼在短短幾秒之內就可以讓別人留下好印象,贏得別人的喜歡;如果一個人不注意自己的形象,習慣了滿口髒話,言行粗魯的話,那麼就會被別人厭煩。即使再有身分、再有能力,恐怕也不會有人願意與之交談。

言談不僅僅是代表著你的形象,更代表你的內在素養和修養。一個人「品德」好不好,看他有沒有「口德」。

第四章　禮道：優雅的談吐，讓人更喜歡你

「文明禮貌，談吐乾淨」，是我們的家風，也是父母的諄諄教誨。在我記憶裡，從未見過父母在任何時候、任何場合說粗俗的話，即使偶爾發生爭吵，他們說話也從不帶「髒」字。生活中但凡遇到愛說髒話的人，無論是孩子，還是大人，父親也會當場嚴肅地斥責他們，說得他們啞口無言，心悅誠服。

還有母親，記得有一次母親帶我去看電影，後座的一個小男孩一直亂踢椅子。母親溫和地提醒對方要保持安靜，誰知男孩的母親卻不高興了，開始邊說邊罵，扯著嗓子一直吼。母親氣得滿臉通紅，卻沒有回擊對方。那情景，簡直就像一個潑婦罵街一樣。母親嘆了口氣，拉著我離開了。我問母親為什麼不和對方理論，母親回答：「當眾吵架，有傷大雅。讓她罵吧，不要和她理論，那是她沒有修養的表現。」

深受父母的影響，我自幼便嚴格約束自己，說話也從不帶「髒」字。由於平時養成了這樣的習慣，即使我情緒再不好，處境再糟糕，也絲毫不擔心自己會「溜口」。因而，身邊不少朋友喜歡和我一起說話，有了心裡話，總愛與我暢所欲言，而我也為自己在他們心目中有著良好形象而自豪。

記得我畢業前在一家公司實習，當時一起申請實習的有數百人，經過重重選拔，只剩下了我們三個人。我的能力不是最好的，之前也沒有實習經驗，我覺得自己太幸運了。後來，實習一段時間後，人力資源經理才告訴我這個小祕密：「我們選

擇你,能力是一方面,更重要的是你言談之間的修養!比如,即使被對手故意搶了話頭,你也沒有在口頭上責罵,還一直保持彬彬有禮。」

如今,我在家裡也常向兒子進行「文明禮貌」教育,加上健康良好的家庭環境,兒子潛移默化地受到了薰陶,見面會和你打招呼「你好」,離開會說「再見」,需要別人幫忙時會說「請」等,他給玩伴們在一起,從未罵過人,平時也從不說髒話。常有人誇兒子有教養,我聽了心裡喜滋滋的。

「文明禮貌,談吐乾淨」,我希望將這一家風世世代代傳承下去。

與人交流,開口即見人品。口德好才能運勢好,這是一種神奇的力量。

世界上最神奇的兩個字:「謝謝」

方毅是一位跟著我實習的 8 年級男孩,他雖然不善言談,但對人有禮貌,做事踏實認真,很討人喜歡。最近聽說他談戀愛了,我真為他感到高興。後來我們一起聊天時,我問他:「你最喜歡女朋友的一點是什麼呢?」

方毅有些不好意思地撓了撓頭,笑著說:「其實好多地方

第四章　禮道：優雅的談吐，讓人更喜歡你

都喜歡，但她最初吸引我的一點是，她特別喜歡說『謝謝』。」

「這種客氣話有什麼可喜歡的？」旁邊一位同事不解地問。

然而，我懂。我當初喜歡方毅的原因之一，也是因為他很喜歡說「謝謝」。

在網路上，我經常遇到一些年輕人私訊求助，雖然我的工作時間安排得很緊繃，但依然會抽空認真地進行解答，我希望盡自己所能去幫助更多的人。這些解答大多都收到了回饋，但一些人的語氣卻讓我很受傷，「知道了，再見」、「我的故事是不是向您提供了案例，不用謝」，還有一些如石沉大海。

當然，我也遇到過一些非常有禮貌，讓我即使再忙也忍不住繼續關心的人，方毅就是這樣的人。每當有一些問題向我請教時，他都會在後面加一句：「如您能不吝賜教，不勝感激。」每當我認真地進行解答後，他最後總不忘誠懇地說聲：「您的回答對我很有幫助，謝謝您。」收到一聲誠懇的「謝謝」，實在是太大的鼓勵。這讓我對方毅的印象非常好，當他需要實習時，我便主動提供了機會。

我並不介意做所有的事，只要別人每次能說聲「謝謝」。

看到這裡，有些人可能覺得我是一個俗人，認為幫助別人應該不求任何回報，才是幫人的最高境界。但一句簡單的「謝謝」是最基本的禮貌用語，也是社交中最重要的談話禮儀。它不僅是一個人修養的表現，更是一個人處世智慧的表現。在接

世界上最神奇的兩個字：「謝謝」

受他人幫助時，無論是大事還是小事，我們都應說聲「謝謝」。

在任何一部中文辭典裡，很少有詞語一講出就能立刻贏得一個人的好感。然而，「謝謝」這個詞卻有這樣的魔力。

生活中，我也是一個特別喜歡說「謝謝」的人，不管是對服務生、收銀員、快遞員、外送員都會道謝，以至於人們常說，我的教養十分好，有禮貌、有素養。對此，表弟十分不服氣：「為什麼你這麼受歡迎？我是留學歸來的高材生，才識和能力都高於你，為什麼在別人眼中卻不如你呢？」

這天，我和表弟到郊外遊玩，中午來到一家餐廳吃飯。服務生幫我們點菜的時候，我點完菜將菜單交給服務生，並微笑著說了聲「謝謝」。

這時，表弟很不以為然地說：「我們是來這裡吃飯的客人，服務生為我們服務是應該的，而且她不是拿著薪水嘛，那是她的工作，為什麼要去謝謝她？不瞞你說，你整天謝這個謝那個，看起來傻乎乎的。」

我想了想，笑著說：「雖然我們是客人，她是應該為我們服務，但是我覺得說聲謝謝表示自己的感激是應該的，而且收到善意的感謝，她可能會心情好一天。對方開心，我們也沒有損失，何樂而不為呢？有教養、有素養並不是光看你的才識和能力的，最重要的就是對人有禮貌，懂得尊重他人。」

聽了我的話，表弟沉思了一會。這時，服務生正好替我們

第四章　禮道：優雅的談吐，讓人更喜歡你

上菜，表弟微笑著對服務生說「謝謝你！」，服務生和我都開心地笑了。

再後來，表弟將「謝謝」當作「口頭禪」。從此，人們對於表弟的稱讚也越來越多，與他的關係也變得更加融洽。

「謝謝」是一句再簡單不過的詞語，也許正因為太簡單而被忽略。有的人說，我不是不想表達自己的感激之情，只是不知道該如何開口，只好選擇了沉默；也有人說，我心裡感激他們，為什麼非要說出口呢？多麼見外。這些想法是錯誤的，一句簡單的「謝謝」你都說不口，還談何感恩呢！

大家可以想想這樣的經歷：

在公車上，當你讓座給一位老奶奶，她對你投來慈祥的微笑，真心地說了聲「謝謝」，是不是讓你一整天的心情都很好，是不是讓你有更強的動力去幫助下一個老奶奶呢？相比那些倚老賣老，你讓了位置後連句「謝謝」也沒有，還嫌棄你讓座的速度不夠快的老人，哪個會讓你的心情更愉快呢？

很少有一個詞語能立刻贏得別人的好感。然而，「謝謝」這個詞卻具有這樣的魔力。

在生活中，我們有許多需要感謝的人和事：父母的養育之恩我們要感謝；兄弟姐妹的陪伴我們要感謝；同學的一起歡笑我們要感謝；主管的栽培提攜我們要感謝；同事的幫助與愛護我們也要感謝；就連我們對手和敵人我們也需要對他

們說聲「謝謝」，如果沒有他們，我們怎會更加努力打拚。

不過，說「謝謝」必須是誠心誠意，並要讓人感覺到這一點。一定要記住：表達你的感激不是什麼表面文章，而應當是來自你內心的。表達感激的時候，話語不要吞吞吐吐，含糊其辭，而要清晰自然，最好是專注地注視對方，這樣你的話才顯得是出於真心，你的感情才顯得真摯。

相信，每個人在聽到你真誠的「謝謝」時，心裡一定是高興的、喜悅的。我曾在一本書上看到過這樣一句話：「如果生活是江湖，那凶惡的人身邊一定多血雨腥風。而心懷感恩的人，所到之處，一定春風化雨。」願你我，都能在江湖中春風化雨。

話不在多，而在於是否有分量

有人曾經問過我一個問題：「我是一個話特別多的人，這是不是證明我口才好？」我的回答是：「話說多了有什麼好處呢？比如池塘裡的青蛙整天整天地叫，弄得口乾舌燥，卻從來沒有人注意牠，人們還嫌棄牠過於聒噪。但是雄雞，只在天亮時叫兩、三聲，大家聽到雞啼就知道天要亮了，於是都注意牠。所以話不在於多少，而在於是否有用。話不多，但很有分量，才算真口才。」

第四章　禮道：優雅的談吐，讓人更喜歡你

沒錯，話不在於多，而在於精。

與人談話時，我們總能看到一些人，不管什麼時候都只顧著自己說著痛快，不停地說著，他們嘮嘮叨叨沒完沒了，卻句句不著邊際，即使說再多的話也沒有任何用處。這些人雖然說了很多的話，可必定不是會說話的人，因為他們只顧著自己過嘴癮，而不管別人是不是願意聽，只會招來別人的反感。

有一次，美國著名幽默作家馬克吐溫在教堂聽一位牧師演講。最初，馬克吐溫覺得牧師講得很好，感動得準備捐一筆鉅款。

過了10分鐘，牧師還沒有講完，馬克吐溫有些不耐煩了，決定只捐一些零錢。

又過了10分鐘，牧師還沒有講完，於是馬克吐溫決定，1分錢也不捐。

等到牧師終於結束了冗長的演講，開始募捐時，馬克吐溫由於氣憤，不僅未捐錢，還從盤子裡拿了2美元。

被問及原因時，馬克吐溫回答：「原本幾句簡單的話，他卻說得囉囉唆唆，浪費了我這麼多時間，可不是2美元就能抵消的。」

多說話的人不一定是會說話的人，會說話的人不一定是多說話的人。那些有修養的人說起話來從不會天花亂墜、連綿不絕，而是能夠做到語言簡明扼要，簡中求簡，每個字都能擲地

有聲。這些人懂得說話的技巧,更知道說話的分寸,說出一句算一句,句句都能說到重點上,這才會討人歡喜。

有一次,我被邀參加一個宴會。這次宴會是產業內規模最大、水準最高的,我希望自己能藉機了解到一些最新的產業消息,便答應前往。但事實上,我平時是一個非常不喜歡參與聚會的人,尤其討厭各種聚會開始之前那些冗長的發言。在我看來,那簡直像老婆婆的裹腳布,又臭又長!

到了開會的那天,不出所料,主辦人先走上臺,發表了一串冗長又煽情的賀詞,對各位到會者表示了歡迎,不知不覺十五分鐘過去了。我有些無聊,再看看旁邊的友人,也似乎有些昏昏欲睡。又過了十幾分鐘,主辦人宣布道:「現在,請我們著名的企業家徐先生為本次大會致開幕詞!」

在眾人的掌聲中,徐先生快步走上了演講臺,就在我以為又是一頓長篇大論,後悔參與這次宴會的時候,只聽見徐先生快速而清楚地說了一段話:「敬業與創新、改革與發展,這是我對這次大會的期望。我想把時間留給後面更精采的部分,現在我宣布會議正式開始。」

這句話簡短有力,可以說是最佳的開幕詞。因為他一語中的,去除了很多客套話、官話,也表現了人性的魅力所在。

林語堂曾經說過:「演講要像女人的裙子一樣,越短越好。」這個比喻雖然看似庸俗,卻點出了說話最基本的要

求——說話要言簡意賅，用最簡潔的話語表達豐富的含義，這樣的話才是最吸引人的，也可以讓對方留下一個良好的印象，有了基礎的好感與信任，還有什麼是不能談的呢？

為了更清楚地說明，我們再來看下面這兩句話：「劉凱這個人做事的時候，總是不能斟酌自己的力量和本事，做一些力不能及的事情，這是行不通的。」、「劉凱這個人做事總是不自量力。」

顯然，第二句比第一句更精練，更具總結性，而且擲地有聲。

滔滔不絕不是好辦法，最有效的方法就是簡明，減少廢話和囉唆，用最簡短、最簡潔的話語表達自己的想法。如果你說出的句句都是精華，句句都能抓住人心，你也就能透過說話快速獲得好感、快速獲取信任，或者快速解決問題，進而為自身發展和事業助一把力。

強行搶話，是一種不禮貌的表現

在公共場所、朋友聚會，乃至單獨的閒聊中，你是否遇到過這樣的人：當你與幾個好友悠閒地聊天，天南地北，談論古今中外，或者就某一問題發表觀點時，還沒等說完，有些人

就迫不及待地插上一句，打斷你們的談話或搶接你們的話頭，表達自己的觀點，讓你們再也沒有辦法講下去。

在我看來，搶話是非常無禮的行為，比長篇闊論的人更令人生厭。

搶話的人，最擅長的就是輕易地打斷別人，把別人剛剛醞釀好的情緒「噗」地一下子吹滅了，以至於再也沒有熱情講下去。他們自認為自己口才好、見識廣，能夠掌控住聊天的節奏和氛圍。實際上，他們不知道的是，他們就是話題的終結者，是讓聊天氛圍變得尷尬無比的「罪魁禍首」。

連續假期結束了，第一天上班的中午，我們幾個同事正聚在一起分享各自的假期。期間，孫柏和家人去了一趟沖繩，他覺得這是一次最有價值的旅遊，便和大家講述起期間發生的有趣的事情。我們幾位同事聽得津津有味，這時同事李菲突然插話道：「聽說明天天氣要變冷了，你們買好秋裝了嗎？」

很明顯，孫柏心裡有一些不悅，但並沒有當場發作。李菲繼續說道：「你們得早點準備秋裝才是……」

大家紛紛稱讚李菲的貼心，但相較於買衣服，大家似乎對孫柏的旅行更感興趣，於是有人又追問孫柏：「據說沖繩的風景特別好，你們拍了照片沒有？一起看看吧。」

孫柏笑著拿出了手機，大家又開始談論起照片來，可才說了一、兩句話，李菲再次打斷我們，把話題重新拉到自己身

第四章　禮道：優雅的談吐，讓人更喜歡你

上：「別看照片了，你們注意到我今天穿的襯衫了嗎？這是在附近一家服裝店買的，這家店上了新品，你們下班後可以去看看。我可以推薦幾款給你們，保證品質上乘，讓你滿意……」

聊天就是為了活躍氣氛，就是你一句我一句，分享大家的趣事，討論一些有意思的事情。誰願意總是被別人打斷。李菲只顧著向大家推薦衣服，絲毫沒有在意大家尷尬的表情。

看到這樣的場面，你是不是會為李菲感到憂心？

不管是誰，當我們在談話時，都希望將自己的感受或是感知與對方分享，這時候一旦有人貿然打斷，整個談話思路都會斷掉。不合時宜的搶話，使氣氛馬上就變冷。一句原本精采的話，如果被人打斷後再接著說，就如咬了一口熱包子去做別的事，完事後再回來吃，香味自然大減。

在日常交談中，你也一定有過這樣的經驗：當你暢談正酣的時候，突然被人打斷，於是，你的好心情也隨之被打斷，甚至有些惱怒。

要做一個會說話的人，首先要做的就是待人有禮貌。很多人溝通失敗的原因，不在於說錯了什麼，而在於隨便打斷別人談話，不合時宜地亂搶話題。

顧維是一名機械維修員，這天他來到一家電子機械廠，向老闆推銷自己：「田老闆，經過一番觀察，我發現貴廠自己維修機器花費的錢，要比僱用我們來做花的錢還多，對嗎？」

田老闆回答：「其實我私底下也計算過，我們自己做的確不太划算。你們的服務很不錯，可是畢竟你們缺乏電子方面的……」

還不等田老闆說完，顧維就說：「您必須得承認，沒有人能夠做完所有事情的，不是嗎？修理機器需要特殊的設備和材料，這些都是我們所具備的。」田老闆說：「對，但是我要說的是……」

又沒等田老闆說完，顧維又搶著說：「您的意思我明白，這麼說吧，您的下屬就算是天才，在沒有專用設備的情況下，也不可能做出像我們那樣漂亮的工作來。」

田老闆說：「我聽朋友提到過你們的手藝，但我們這裡負責維修的同事……」顧維又急急地插話說：「您就讓我做，保證品質上乘，價格公道。」

這次，沒等到顧維說完，田老闆說：「我認為，你現在可以走了。」

溝通又不是辯論，為什麼非要搶別人說話呢？即使是辯論賽，也要等對方發表完看法之後再發言，不是嗎？與人溝通，更不是什麼電視臺的有獎搶答節目，搶別人的話不僅不會得到額外的獎勵，還會遭到他人非議。所以，在我看來，打斷別人或亂搶話題，實在是得不償失的行為。

每個人都有一種表現自我的欲望，甚至很多人交朋友就是

第四章　禮道：優雅的談吐，讓人更喜歡你

因為對方能夠滿足自身傾訴和表達自我的欲望。你是如此，別人也是如此。管住自己的嘴巴，不要隨意打斷別人，更不要硬搶話題，讓每個人都能舒舒服服地聊天，這樣的你誰不喜歡？如此，你也將能與所有人順暢地溝通。

雖然說話時最忌搶話，但在有的情況下你不得不這麼做，比如對方傾訴冗長，言辭無味，又引起你的厭煩，或者事出緊急或者必須補充，這時候就有必要打斷對方的談話，甚至將話題及時轉移了，但這畢竟是一種不禮貌的行為，如何做才能顯得自己有修養，而不讓對方感到不快甚至難堪呢？

當別人聊興正濃時，你可以先用禮貌的語氣示意對方，比如「不好意思，打斷一下」、「對不起，我插一句」、「抱歉，請允許我補充一點」、「突然有一件急事，不得不結束談話了，下次再向您請教」……這些都可以用來打斷他人的話語，既表達了你的觀點和態度，又不失教養和風度。

謙遜的言語，讓卓越更有魅力

秦強是一所知名大學的高材生，畢業後來到一家廣告公司做企劃，他這個人頗有能力，思考敏捷，善於創新，卻總是和同事們相處不來，因為他覺得身邊的同事和自己不在同一程度上，他們大多畢業於普通大學，能力平平，而自己和他們可不

謙遜的言語，讓卓越更有魅力

一樣，未來他的前途必定一片光明。於是，秦強說話時總是情不自禁地炫耀，他不喜歡他的同事，他的同事也並不喜歡這個自恃過高的毛頭小子。

其實，剛來到公司的時候，為了盡快和同事打好關係，秦強還帶了禮物給大家。秦強勉強也算是個富二代，家裡名菸名酒堆了不少。第一天上班前，他向會抽菸的同事每人發一包好菸，大家收了東西，紛紛吹捧秦強。秦強聽得飄飄然，心裡越來越得意，不免笑瞇瞇地說道：「這菸，就這麼一小包，外頭賣，兩百一包。知道你們平時捨不得抽，都沒嘗過味道吧？別捨不得，我家裡還堆著一大箱呢，抽完了來找我要，這點東西我還是便宜得起你們的！」結果，這話一說出來，氣氛頓時變得尷尬不少。之後，同事們再也不肯拿秦強給的東西了，這讓秦強很是納悶。

好在，秦強是真的很有能力，經手的幾個企劃案做得十分漂亮。但為了在眾人面前突出自己的優越感，秦強經常誇耀自己，說話的口氣也很高調。比如秦強獲得了公司的表彰，他這樣說道：「我的成績大家是有目共睹的，成績的獲得就在於我凡事都不會只看表面現象，我喜歡走一步想三步，這是我的最大優點。」大家集體討論企劃方案時，秦強對同事們的提議總是不屑一顧：「你這個實在沒有什麼新意，技術再好，做出來的東西也跟搞笑網劇一樣，看來你以後得多跟著我學習。」

日子一久，誰都不願意和秦強一起工作。秦強也意識到自

第四章　禮道：優雅的談吐，讓人更喜歡你

己的孤立狀態：「為什麼大家都不喜歡我？這問題應該不在我自己身上，是同事們太嫉妒我了，才要盡量遠離我。」

看到這裡，你明白秦強不受歡迎的原因所在嗎？真是因為他自身太優秀才被孤立嗎？要我說，這一切都是他咎由自取。他言語過於高調，喜歡自我炫耀，講起話來拿腔拿調，飛揚跋扈的。誰願看他自傲的樣子，誰愛聽他誇耀的言論？只會對他嗤之以鼻，敬而遠之罷了，我們一定要引以為戒。

在說話的過程中，人的心理是很微妙的。每個人都希望得到別人的認可和重視，說話時一味地表現自己，抬高自己，甚至不惜打壓、貶低別人，來突出自己的優越感，顯然是對別人的一種無視和無禮，如此德行有虧，又怎麼可能獲得他人好感呢？事實上，這樣的人往往也很難獲得別人的尊重和認可。

古希臘著名的哲學家蘇格拉底（Socrates）學識淵博、智慧超群，在他面前，沒人會不知好歹地自稱智者。然而就是這樣一位偉人，在接受別人讚美的時候，說得最多的一句話就是：「我唯一知道的就是我自己的無知。」「力學之父」牛頓（Isaac Newton）也曾說過：「我只是一個在海邊玩耍的孩子，偶爾高興地撿到一塊美麗的貝殼，但真理的大海我還未曾發現。」偉人尚且如此，我們又究竟有多特別呢？

山不解釋自己的高度，並不影響它的聳立雲端；海不解釋自己的深度，並不影響它容納百川；大地不解釋自己的厚度，

但沒有誰能取代她作為萬物的地位⋯⋯將這一理論運用到說話上，即說話時即使是想要表現自我，也需要保持謙和恭禮，在話語上從不高調，不自命不凡，更不表現出賣弄和張揚來。

我認識一位女主持人，雖然她掌握著採訪中的主導權，但她的言語從來都是謙和的，聲音總是溫和的，然後不慌不忙地把自己的觀點一一道來。我曾經質疑她的風格太過溫情，缺少硬朗、尖銳的一面，她卻不以為然：「在語言上壓住來賓是很容易的事情，但這不是我的風格，來賓來做節目就是我的客人，我必須以禮相待。」

的確，這位女主持人說話的時候，那種自然溫和的態度，總能讓人放鬆下來，來賓會滔滔不絕地講，很願意把故事告訴她。對此，我自己也深有感觸，我見到她就知道怎麼說話了，她的聲音具有一種親和力，而這種親和力能夠影響我，讓我立刻找著「知音」的感覺，忍不住與之交流。

言語謙和的人之所以深受歡迎，就在於他們在說話時重視別人的存在，關心別人的感受，不會賣弄和炫耀自己，由此很容易使人給出有素養、有修養等高度評價。在此基礎上，想走進對方的內心，就不再是難事。

想在眾人面前表現自己，獲得他人的讚美與認可，這無可厚非，但我想提醒大家，展現優秀的方法有很多，比如認真的態度、公正的處事、與人為善的原則等，只要你確實是優秀

第四章 禮道：優雅的談吐，讓人更喜歡你

的，必然能被所有人都看到，你根本無須刻意去展示什麼，或者炫耀什麼。是金子，無論在哪裡都能發出光芒。

說話要符合自己的身分

有人問過我一個問題，說：「和一個人說話，要達到怎樣的效果才算成功？」既然提到「成功」二字，那大約可以將這個問題的前提設定為「有目的性」的說話。既然是有目的性的，那當然必須達到目的，或者產生某些能夠對達成目的發揮推動性作用的反應，才算得上是一場成功的交談吧。通常來說，與人說話能夠獲得的最直接的好處，當然是讓別人留下一個好印象，拉近彼此間的距離，只有實現這一點，這場談話才不至於無功而返。相反，如果說一場談話過後，對方反而對你敬而遠之，心生惡感，那這場談話很顯然就是極其失敗的「作品」了。

而除了「成功」和「失敗」之外，還有一種情況，是我認為最悲哀的，那就是說出的話與自己的身分極不相符，給人一種浮誇、虛假的感受。

任何人在說話的時候，不管在什麼場合，不管與什麼人交談，除了要有對象意識外，還要有一個角色定位，這也可以稱之為身分。

說話要符合自己的身分

去年七夕情人節，我們公司附近的一所大學舉辦了一場特大浪漫告白，所有參與者要用自身所學的專業術語寫一封情書，而優秀告白將在操場的 LED 大螢幕輪播。我對這種學術性的浪漫充滿了好奇，便前去觀摩。

其中，幾封情書讓我留下了非常深刻的印象：我對你的愛，如心電監護儀，守護你每分每秒。

若愛你是一種罪，請判我無期徒刑，在你心中執行。

我們拿生命的定積分，丈量感情的微分，換來青春的不定積分。

用盡所有修辭，遣盡所有字詞，都不如一句「我想你」。

……

這些別有生趣的情書，真是妙極了。大家說說看，僅是透過這幾則短短的情書，能分辨出他們的專業身分嗎？相信無須多慮，我們都能輕而易舉地猜出來，他們分別是醫學系、法律系、數學系和中文系的學生。為什麼我們能如此輕鬆地分辨呢？就在於，他們所說的話表現了自己的身分。

年幼的孩子對出門的父親說：「說你多少次了，外面天氣冷，要多穿衣服！」

一個二十多歲的年輕人對同齡人說：「年輕人，公共場合不能喧譁。」

第四章　禮道：優雅的談吐，讓人更喜歡你

　　下屬對主管說：「你自己搭計程車回去吧，別忘了上班後找我報帳。」

　　……

　　當你聽到這些話時，是否會感到十分彆扭？彆扭的原因不是這些話有問題，而是說話的人有問題。因為，他們說出的話與自己的身分極不相符。

　　一個人，如果不考慮自己的身分便開口說話，那麼聽的人總感到不是滋味，會讓對方留下一個沒有禮數、不知深淺的印象，甚至會引起他人的反感和厭惡，這就必然要影響到溝通效果，以及交際效果。

　　我的朋友進入一家汽車生產公司工作，因為手腳勤快，很快就被提拔為工廠主任的助手。這一天下班時，主任叫住了孫謙：「小孫，這個星期五有一個國外的考察團將要考察我們公司的組裝工廠，如果他們決定引進我們的組裝技術，那麼公司會賺一大筆錢，年底大家都會領到獎金。所以，我們一定要負責好這次考察。」孫謙拍著胸脯保證，自己會嚴陣以待，絕不會出現紕漏。

　　很快週五到了，國外考察團如期而至，主任帶著孫謙一同招待考察團。期間，主任用專業術語向考察團介紹完工廠的運作和機器的優點，對方不停地點頭，並給予讚嘆。之後，大家一起進入了組裝工廠，帶領他們參觀汽車的組裝過程。在經過機器控制室時，其中一臺機器上的紅燈一直不停地閃爍。

「這是怎麼回事？是機器故障了嗎？」考察團的一位成員問。在外國人眼中，紅燈是一種警戒標誌或故障標誌，他們理所當然認為應該是機器出現故障。

見狀，主任臉色微微一變，隨後又裝作毫不在意的模樣，笑著說：「放心，機器是正常的。這個紅燈是機器上的指示燈，等機器停止工作，燈就不會再閃了。」

考察團恍然大悟，沒再深究。

正當主任鬆一口氣時，一旁的孫謙接過話頭說：「主任，看來在技術這一方面，我比你專業多了。這個燈不是機器上的指示燈，其實它是壞了才一直閃，不過你們大家可以放心，機器倒是真的是正常運行的。如果大家還有什麼疑問，可以當場提出來，我一定會一一為大家解答的。」

這話讓主任的臉色青白交接，臉上的微笑像是僵住了一般，別提多不自然。考察團也一個個用質疑的眼神看著工廠主任，甚至有兩個核心考察員小聲議論說這家企業不誠實，他們不會引進這家汽車企業的組裝技術。最後，考察團沒什麼參觀的心情了，他們匆匆參觀完了整個工廠，沒有留下任何話語回了自己的國家。

至於孫謙，在送完考察團之後，主任怒氣沖沖對他說：「你被解僱了，明天不要再來了！」

對此，孫謙心生委屈，對我哭訴：「我只是實話實話，錯了嗎？」

第四章　禮道：優雅的談吐，讓人更喜歡你

我忍不住直言：「先不說你說的故障是否對錯，單在這種場合不替上司留情面就非常不合適，而且正是因為你的話才讓公司丟了一筆大訂單，被辭退也在情理之中。這一切，歸根究柢是你沒有認清自己是下屬和賣家的身分，說了不符合自己身分的話，惹了上司不快，趕走了考察團。」

一個人的語言習慣、說話方式，往往會顯現出你的學識、身分和地位。反過來，一個人的身分、地位、學識修養，決定你要如何說話。

你是什麼樣的身分，就要說符合身分的話。

著名的法國思想家帕斯卡（Pascal）曾經說過一句話：「人必須有自知之明，如果這無助於發現真理，它至少也是一項生活準則，沒有比其更重要的了。」我認為，這句話用在這裡再合適不過了。先認清楚自己的身分，再說與自己身分相符的話，這就是一種自知之明，如此說話才能令人愉悅，討人喜歡。

稱呼得當，避免無意間的尷尬

在多年的工作生涯中，我發現這樣一種現象：有些人特別被上級賞識，有些小輩特別受長輩喜愛，有些業務的業績遙遙領先，有些人能快速被陌生人接納⋯⋯再細究其中的原因，

稱呼得當，避免無意間的尷尬

居然是這些人在與人說話前，總會率先偵查一個人的年齡，去觀察一個人的喜好，然後再仔細斟酌對他人的稱呼。

在與人談話中，第一步就是互相稱呼對方。稱呼是與人交談的開始，更是禮儀的開始。尤其是對於陌生人來說，稱呼禮儀是對一個素養修養的判斷之一，稱呼恰當，別人會覺得你很有修養，而稱呼不當，會讓人覺得你素養低下。所以，我一直強調的一點就是，與人說話時，稱呼一定要恰當。

由於中小學都在家鄉讀書，上大學是我第一次坐火車。當時我考慮到自己是成人了，便拒絕了父母送校，自己扛著行李就出遠門了。或許是因為早上出門早著了涼氣，或許是早上吃了不乾淨的食物，在候車室等候時，我的肚子就開始不舒服，很想去一趟廁所，但我當時還帶著行李，放在原地怕不見了，但帶這麼多行李去廁所也不方便，我就想拜託車站的工作人員幫忙看一下。我喊住了正在拖地的清潔人員，對清潔人員說：「歐巴桑，您能幫我看一下東西嗎？我去一下廁所就回來。」

清潔人員一聽「歐巴桑」這個稱呼，臉色立刻垮了。她冷著臉，氣沖沖回了一句：「誰是歐巴桑？我工作很忙，沒時間幫你看東西。」說完，頭也沒回就走了。當時我一頭霧水，「歐巴桑」只是一個普通的稱呼，怎麼對方反應這麼大？

好在我不笨，聽懂清潔人員的話，就知道清潔人員是嫌棄我將她喊老了。心想，下一次絕不能再將人喊老。

第四章　禮道：優雅的談吐，讓人更喜歡你

一會兒，等來了一位保全。我喊住保全，說：「大哥，能幫我看一下東西嗎？」我心想，這下自己應該不會被拒絕了，哪想到保全垮著臉直接拒絕：「我的職責是維護車站秩序，沒時間幫你看東西，你要真怕不見，直接帶去廁所好了！還有，我這年齡應該比你爸都大，你那句『大哥』還是收回去吧！」

將人喊老了，別人不高興。將人往小喊，別人同樣不高興。我撓了撓頭，不解地自言自語：「不就是一個稱呼嗎？怎麼那麼複雜？」

旁邊的乘客撲哧一下笑了出來，說道：「年輕人，稱呼可是一門大學問，稱呼恰當能贏得別人好感，稱呼不當會招來別人厭惡。就像剛剛那個清潔人員，明明人家只有三十來歲，你卻稱呼她為歐巴桑，將人喊老了，她不生氣才怪。而保全的年紀應該與你父親相當，你稱呼他大哥，他會認為你不尊重他。」

聽後，我覺得很有道理，於是就問：「那我該怎麼恰當地稱呼他們呢？」

「你可以稱呼清潔人員為大姐，稱呼保全為大叔。」乘客說道。

車站工作人員幫乘客看一下行李，應該是一件舉手之勞的事，但是我卻屢屢碰壁，這是我人生中非常重要的一課，自此我明白了，稱呼是禮儀的開始，稱呼上打動別人，互動起來就容易。有時候一個恰當的稱呼，會立刻讓對方感受到尊重和重

視，從而對你的印象大大提高。

恰當的稱呼，讓我的面試更加得體順利，並且幫助我得到了一份心儀的工作。

大學畢業的時候，我有幸參加了一家大公司的面試，我原本做了很多的準備，但由於內心過於緊張，在回答問題的時候，出現了一些小錯誤。雖然考官沒有表現出什麼，可是我覺得自己可能沒有什麼希望了。

就在面試即將結束的時候，一位西裝筆挺的男士走了進來，幾位考官紛紛站起來，小聲說了句：「總經理，您好！」總經理朝他們點了點頭，就示意考官們繼續面試了。

當知道這位男士是總經理，我內心的緊張感反而消失了，心想：「只要我能夠好好地表現，讓總經理留個好印象，或許就會增加勝利的希望。」於是，當面試官再次提問問題的時候，我微笑著：「總經理、各位面試官，我……」

當時，我的話讓總經理和面試官一愣，顯然他們沒有想到我會注意他們的談話，更沒有想到我會主動稱呼總經理。隨即，總經理朝著我微笑著點了點頭，並且示意我繼續講下去。這一刻，我的內心充滿了能量，發揮得要比之前更加出色了，就連其他考官都露出了讚賞的神色。

面試後，我恭敬地朝著總經理和面試官鞠了一躬，說道：「總經理、各位面試官，很高興能夠參加貴公司的面試，希望能收到您的好消息，再見！」

第四章 禮道：優雅的談吐，讓人更喜歡你

果然，過了幾天之後，我收到了錄用通知書，也成了面試中為數不多的突圍者。而我也知道，這和我面試時的表現是分不開的。

後來，我和公司裡的同事越來越熟悉。有一次，人事主管的話也證實了我的想法，人事主管說：「那天，你最初開始的表現不是很好，回答問題的時候相當緊張，所以幾個面試官都對你並不看好。可是，你之後的表現卻令人眼睛一亮。」

我笑著問：「是不是總經理來了之後，你們對我的表現有所改觀？」

「沒錯，」人事主管坦言，「我們誰也沒有想到，你會直接尊敬地稱呼總經理，並且沒有忽視其他面試官。因為在以往的面試中，其他面試者不是忽視了總經理，就是刻意討好總經理，忽視了其他面試官。更為重要的是，你之後的表現越來越好，能夠很好地回答每個面試官提出的問題。」

最後，人事主管說：「你不知道吧！後來總經理跟我們說，剛才那個男孩不錯。」

為什麼我能夠在面試中扭轉劣勢，獲得這份心儀的工作？除了我相當穩定的發揮外，恰當的稱呼替我加了不少分，贏得了總經理的好感。

那麼，如何恰當地稱呼他人呢？根據我的經驗，總結如下：

生活中，面對年紀比較大、有身分的人，稱呼對方為「XX

老」；如果是普通朋友且年齡稍長，可以稱呼「姓氏＋哥或姐」；如果年齡相當且關係親密，可直接稱呼姓名或外號，這會顯得親密自然；而面對比自己小的人，為了顯示親切，可稱呼對方為「小李」、「小陳」。如果是陌生朋友，可稱呼為「姓＋先生」或「姓＋小姐」。對於女性，能喊「阿姨」別喊「奶奶」，能喊「姐姐」別喊「阿姨」。每個女人都希望年輕，不妥的稱呼會惹人不快，在不能判斷對方年齡時，可稱呼為「女士」。

在職場中，我們不可避免要與主管或專業人士打交道。這時盡量要以職稱相稱，以此表現尊重：職稱前加上姓名，例如「張潔教授」、「蘇靖醫生」等等。這種稱呼適用於正式場合的介紹，能夠提升對方的身分。在平常工作中，可以簡化一番，例如「呂工程師」、「馮導演」。當你需要拜訪某位企業家時，最好提前做好功課，了解他的具體職位，不要將「經理」、「老闆」、「總裁」等職位混淆。

總之，一個恰當的稱呼不僅表現著我們對對方尊重的程度，還反映著我們自身的修養和教養。所以，我們必須多多注意，千萬不要鬧出笑話，引起對方的反感。當你先入為主獲得對方好感，對方自然不會拒絕接下來的談話。

第四章　禮道：優雅的談吐，讓人更喜歡你

第五章　沉默：
有時候，無言勝千言

　　很多人把會說話誤認為是健談、口才好，因此刻意把自己鍛鍊成滔滔不絕的演說者。其實健談只是會說話的一部分表現，真正會說話的人也懂得合時宜地「沉默」。當然，這裡所談及的沉默，不代表消極、沉悶、順從，而是語言的另一種深刻——無聲勝有聲。

第五章　沉默：有時候，無言勝千言

真正的說話高手，往往懂得安靜

前段時間公司要招募一位資深銷售人員，重點要求口才好，但大家對兩位候選人搖擺不定。一位候選人口才很棒，熱情洋溢，面試表現很突出；而另一位候選人則稍顯沉穩，話語較少，但其履歷顯示其銷售能力突出。我在面試中提問了一個銷售人常遇的冷場難題，第一個候選人立即滔滔不絕，不停地說著，講了很多解決方法；而第二個候選人默默思考幾秒後，只用幾句話就講得十分透澈。

之後我力薦錄用第二個候選人，雖然主管難捨第一個候選人，但最終採取了我的建議。

在剛入職的一個月，這位銷售員的業績平平，主管委婉地向我表達了對這位新員工的失望。我卻不以為意，請他再觀察一段時間再說。事實證明我的推薦是正確的，這位銷售員很快為公司拿下了兩單大生意，第一季的業績是所有人中最高的。

後來主管問及我當初選擇的理由：「銷售是一個說服客戶的過程，靠的就是自己的嘴皮子，第一個候選人明顯比第二個口才好，為什麼你力薦後者？」我笑著回答：「將口才作為銷售能力高低的評判標準，這既是一種失誤又是一種風險。就拿第一個候選人來說，他過於『健談』了，這會讓溝通對象十分厭煩，推銷的成功率不會太好。而真正的說話高手都是安靜的，就像第二個候選人，明白什麼時候該口若懸河，什麼時候

該保持沉默。」

真正的說話高手都是安靜的，這一結論似乎與常識相悖，因為在這個喜歡表現自我的時代，沉默寡言好像是不那麼受歡迎的，更被認為是不會說話的一種表現。尤其是在工作中，我們總想快速地學會怎麼去和別人舒服地交談，希望能在別人面前侃侃而談。但其實，不說話與會說話同樣重要。

這一認識並非我信口雌黃，而是源自我自身一次深刻的教訓。

那時我剛進入職場沒多久，在公司的一次例行會議上，經理讓大家針對公司的情況提出自己的意見。我有很多的想法，也很想在主管面前表現自己，站起來說道：「我認為，公司現在的培訓體系存在嚴重問題，對於培訓人才根本沒有什麼幫助。例如，新進員工在培訓就任後，依然搞不懂工作流程，頻頻出現錯誤；老員工也無法提高自己的技能，跟不上技術的升級換代。所以，我建議公司成立一個專門的培訓機構，針對每個職位的員工進行專門的培訓，提高員工的工作效率。」

我的話音剛落，經理笑著說道：「你說的問題確實存在，看來你平時的工作中是用心觀察的，但我們現在已經在進行員工培訓了，就沒有必要再成立新的部門了。況且成立新部門需要投入更多的資金、人力。」

聽到經理這樣說，我情緒激動地站起來說：「現有的培訓

第五章　沉默：有時候，無言勝千言

沒有辦法滿足員工工作的需求，在我看來形同虛設。我們公司想要做大做強，就必須積極提高員工的職業技能，否則如何跟上時代的發展，如何提高公司的效益。沒有人才辦不成的事情，人才是第一位的，多些投資和人力也是應該的⋯⋯」

就這樣，我不停地說著，經理臉上的笑意越來越少，最後還有些生氣地打斷了我：「你不要再說了，拿出具體方案，這個問題我們以後再討論。」

好心提建議卻不被接受，我對此感到委屈，於是和一位學長抱怨。我原以為學長會安慰我一番，誰知他卻意味深長地告訴我：「你的失敗就是因為你過於『健談』了，將對方逼到了情緒的死角，溝通必定會終止。我們不應該口若懸河，不僅要懂得適當發言，還要有周密的實施方案。只有拿捏到位，溝通才會順利進行。」

過了一段時間後，經理特意在一次公司例會上重提培訓話題：「公司的技能培訓確實存在著很多問題。今天的例會，我們只討論一項內容，就是公司成立專門培訓機構的事情。大家可以踴躍發言，表達自己的看法。」

經理話一出口，大家便開始提出各自的建議。有人說成立新部門比較勞師動眾，不如進行改革比較有效；有的人提出了另外一些看法，如聘請專業的培訓機構，對員工進行培訓⋯⋯我卻一言不發，靜靜地坐在原位。經理不解地詢問：「今天你怎麼一言不發，你不是積極提議成立新的培訓機構嗎？」

這時我才說道：「我要說的重點，上次都已經說了。既然您已經予以重視，那麼我的目的就已經達到了，就沒有必要再長篇大論了。至於具體方案，我已經做好了，之後會影印出來給您查看。」接下來，我向經理遞交了自己的企劃書，經理非常滿意，並且決定讓我兼任培訓部主管，全權負責此事。

為什麼第一次我的意見不受重視，第二次卻成功了？這就是「安靜」的成功祕訣。如果在第二次會議上我還是積極發言，沒有條理。那麼見解就和其他人的建議一樣，成為有想法卻沒有具體計畫的「紙上談兵」。而我在第二次把握機會，用簡潔的語言闡述我的見解，並拿出早已準備好的企劃書。前期恰到好處的沉默激發了經理的好奇，聽了我簡短的介紹，也贏得了他的好感，願意傾聽的機率自然也就提高了。

只有當我們因為多說話而付出了一些代價的時候，才會懂得安靜是一種難得的特質；當我們因為說出不合時宜的話而遭到別人厭惡的時候，才會懂得安靜也是一種明智的選擇。只要運用得當，安靜要比華麗的語言、精心設計的語言更有力量，更讓人信服，這或許就是所謂的「沉默是金」。

我欣賞那些說話時懂得適時停下來的人，因為這些人尊重別人、有頭腦，並善於思考，做事會更加妥當。如果你是，恭喜你！

第五章　沉默：有時候，無言勝千言

話不投機時，爭辯不如沉默

前幾年，我追過一部電視連續劇，在這部電視劇裡，女主角小陸讓我印象尤為深刻。

小陸是一名醫術精湛的胸腔外科醫師，在醫學上頗有造詣。論醫術，她是全科手術做得最好的；論醫德，無論何時何地，她總是把病人的利益放在第一位。可就是這樣一位優秀的外科大夫，卻是科主任最想排擠走的人物，也是接到病人家屬投訴最多的人。為什麼？因為她太不會說話。

比如，有同事勸小陸多寫些論文，獲取升遷的資格。但小陸自己不屑於職級就算了，還對著大家大談特談，稱別人是手術做不好，只會在論文裡灌水；本著為病人著想的初衷，小陸總是力薦患者家屬使用自己認為治療效果最好的醫療器械，並且拒絕向患者家屬提供醫療器械使用的選擇權，結果被家屬質疑醫院只顧著謀利，而不顧患者安危。

小陸所說的話本沒有什麼錯，但錯在太執著自己的想法，說得越多，就越會與人對立。執著於自己的想法原本也沒錯，如果認不清楚談話對象，不清楚他們想聽什麼樣的話，他們現在的憂慮在哪裡，什麼樣的話能解決他們面臨的問題等，那麼即使只說一、兩句，對方都會覺得囉唆。

對此，我總結出一個道理：當感覺不對的時候，一定要

話不投機時，爭辯不如沉默

學會少說話，因為在交流中，話一多，就容易失言，更難獲得別人的信任。有時候，或許你想活躍氣氛，但別人卻容易認為你輕佻，所以在這種情況下，冷場就冷場，並不是你的責任，話不投機就要少說。有些話即使再想說，也要找知己訴說。

熟知我的人都知道，我是一個愛表達自己的人，因為我知道有些話只有清楚地表達出來，別人才能清楚地明白。但在一些人眼裡，我又是一個「惜字如金」的人，比如我身邊有一個朋友和我討論麵食好吃花樣又多，比米飯好吃多了。

每當聽到這個言論時，我都會笑而不語。「難道你也認同這種觀點嗎？」有人問我。

「當然不，」我直言，「這簡直是可笑至極的話。」

「那你為什麼不和他理論？」這人繼續追問，「你口才好，肯定能贏他。」「我贏他做什麼？」我耐心地解釋道，「實不相瞞，我和他身處的文化背景不同，我倆的飲食習慣不同。他只是基於自己的喜好上對其他事物進行否定。我和他話不投機，如果我進一步和他理論下去，他只會拿更多的話反駁我。事實上，不管理論的結果都不會改變我們的飲食習慣，我們只會越辯越深，如此不如沉默。」

是的，話不投機，與其力爭，不如沉默。

在很多人眼裡，我是那種口才很好的人，但我仍然做不到人人滿意。對於那些不滿意我的人，我從不會試圖去爭辯什

第五章　沉默：有時候，無言勝千言

麼，因為在我看來，在 10 個人中，有 3 個說你好，有 3 個說你不好，有 4 個不說你好，也不說你不好，這樣，你就算人緣很不錯的了。這並不是危言聳聽，而是切切實實得出的結論。

或許你時常感到困惑：「我已經做得夠好了，為什麼還有人有意見？」、「我只是一次失敗，就被人說無能之輩，憑什麼呀！」……其實，別人對我們有意見是很正常的事。這正如蘇軾在〈題西林壁〉中寫到的：「橫看成嶺側成峰，遠近高低各不同。」也就是說，從不同的角度來看一座山，山就會出現不同的姿態。實際上，世間萬物都是如此，展現在不同人的眼中，經過不同的思考加工判斷後，就會得到不同的評價。我們不能期待所有人都說自己好，也必須接受不同的看法和想法。

回想一下，當你的老闆拍板決定某件事之後，全公司的人表面上鼓掌歡迎，但私底下是不是仍有人表達不滿？說到底，一個人做任何事都難以得到所有人的贊同和認可，所以面對和自己不同的看法和想法，我們只靜靜地聽著就好了，沒必要強迫自己做到完美，更沒必要和別人爭個高低上下。

人生何必強爭，有些話，懂你的人自然會懂。

與其喋喋不休，不如靜默有度

我的一位學妹在一家公關公司做客戶經理，她長得年輕漂亮，對工作也很認真，由於平時忙於工作，至今單身。不知從哪一天開始，有人說她與一個有婦之夫關係不正常，從此整個公司都知道了這件事，同事看她的眼神都帶著試探和譏笑，就連主管的態度也有微妙的改變，男主管有些曖昧，女主管有些排斥，這些細微的變化沒有逃過學妹的眼睛。她試圖解釋，但也清楚這種事只會越描越黑。很長一段時間裡，她都感覺上班簡直就是在受罪，不知該如何是好，甚至想到了辭職。

在一次聚會上，我覺察到學妹的情緒不佳，便詢問她最近的工作狀況。在聊天過程中，學妹把多日的委屈全都說了出來：「我明明什麼事情都沒有做，為什麼大家要這樣說我？」

我聽完之後說道：「這不算什麼！」

學妹大驚：「這還不算什麼？我可連男朋友都沒交過，就有這種不好的流言傳出，以後我怎麼在公司做人？怎麼談戀愛？」

「真的不算什麼。」我說，「10年前，我剛開始工作的時候，關於我的傳聞更多。由於工作勤勉，我進入公司不到一年就被主管提拔為部門主任。遇到這樣的好事情，我心裡自然是開心的，但有些老員工心裡不平衡，覺得憑什麼好機會被資歷尚淺的我搶走了，於是私底下造謠說我能夠升遷是因為和主管

第五章　沉默：有時候，無言勝千言

有不可告人的關係，甚至說我私底下為人刻薄，還有偷偷摸摸的習慣。」「那你是怎麼做的？」學妹問。

「不理。誰愛說就說，找我來鬧，我把事實說一下，其餘一概不理，要知道，那些說閒話的人就想看你氣急敗壞，你越是淡定，他們越覺得無聊，沒多久，也就去找別的目標。」我說。接下來，我還向學妹建議道：「你聽我的話，什麼也不用理會，該做什麼做什麼，很快就會好的。」

據我了解，為了不辜負這一番教誨，學妹後來乾脆對流言「充耳不聞」，實在太煩的時候就拚命工作。幾個月後，果然如我所說，所有謠言自動消散。而此時，學妹的業績倒是又上了一個臺階，人們提起學妹，第一想到的不是「那個勾引有婦之夫的女人」，而是「我們公司最有潛力的女強人」。

其實，類似學妹這種處境的，在當今社會不乏其人，說不定你就是其中一例。你是否有過這樣的感受和經歷：不論你想做什麼，總是逃不開旁人的眼光和議論，他們鑽研你的每一個舉動，甚至捏造一些你根本沒做過的醜聞，讓你覺得越想做到的事，越不容易做好。似乎只要你定下目標，全世界都會跑來跟你作對，不是有意阻撓你，就是無意間干涉了你，讓你覺得處處碰壁？

這時候，你可能會氣憤，會委屈，但我建議你千萬不要硬碰硬，更不要去拚命解釋，而應該表現得若無其事，越沉默越好。有一句話說：「聒噪不如沉默，息謗得於無言。」謠言也

好,刻意的刁難也好,無端的攻擊沒有必要去理會。與其無用的解釋。還不如保持沉默,事情總會有真相大白的時候。

退一步說,嘴長在別人身上,愛怎麼說就怎麼說,這是人家自己的事,誰也攔不住!既然悠悠之口堵不住,我們只要做好自己,無愧於心就夠了。

這一理解緣自我所讀過的一則小故事,現在願和大家共享:

在某個寺廟裡的一位小和尚,由於年紀小又聰明,很受師父喜愛,但這卻遭到了其他和尚的嫉妒。他們故意排擠他,故意讓他做重活,還總是議論他,製造一些流言蜚語出來。對此,小和尚很是苦惱,他不知道大家為什麼要這樣做。於是,他前去找師父述說,並想問一個明白。

師父平靜地聽完小和尚的控訴之後,緩緩地說道:「現在你去幫我倒一杯茶,再去找一塊小石頭。」

按照師父的吩咐,小和尚倒了一杯茶,又找來一塊小石頭。只見師父拿起石頭,把它用力地投進茶杯裡。此時,小和尚發現水花四濺,茶杯也被砸了個粉碎。師父又撿起石頭扔到茶壺裡,茶壺沒有碎,但也發出好大的動靜,裡邊的水也濺到了四周。小和尚不明就裡,隨之,師父又帶他走到河邊,並把石頭扔進寬闊的河裡,這一次,石頭只發出很小的聲音,就沉到河裡,再也沒有蹤影。

第五章　沉默：有時候，無言勝千言

此時，師父問：「你說，你想做茶杯、茶壺還是這條河？」

小和尚頓悟，他立刻上手合十：「感謝師父教誨，我再也不去理會他們的說法了！」

在師父的指點下，小和尚懂得了如何面對流言蜚語，那就是做一個心寬心靜的人，不讓流言蜚語汙染自己的耳朵，不與他們刻意地去爭辯。

希望此刻正被流言所困的你，也能及早領悟並從中受益。

談判時，沉默往往勝於多言

前段時間，為了提高自己的談判力，我報名參加了一期口才培訓課，期間有一節課非常特殊。之所以說它特殊，是因為在這節課上，我們要隔絕外界聯絡，交出手機設備，還要禁言一小時。我一開始對此充滿了抗拒，覺得這簡直度秒如年。「為什麼要設定這麼奇怪的課程？」我對著一位朋友竊竊私語。

突然，我感覺有一雙眼睛正盯著我們。一抬頭，講師正站在我們面前，只見他嘴角向下，一言不發，神情凝重地看著我們。講師雖然一句話也沒有說，但他的沉默像無聲的審判，充滿了力量。儘管我閱人無數，也不禁莫名地緊張起來。就在這一剎那間，我似乎明白了禁言的重要性和必要性。

果然，後來講師也做了明示：「在談判場上，廢話是土，

沉默是金。沉默比話語更有力量,更能發揮令人震驚的說服效果。」

接下來,講師又要我們試想,如果你此刻正面對兩個談判對手,一個嘰嘰喳喳、喋喋不休地說個不停;另一個則寥寥幾語,然後利用目光、神態、表情、動作等各種因素,或明或暗地表達自己的觀點,你覺得誰更有氣勢?更容易被誰說服?顯而易見是後者,你情不自禁地會被對方所折服。

不要以為談判就需要不停地說,誰說得最多,誰就能占據優勢,就能說服對方。也不要以為喊得響才是勝利者,誰喊得響,就能夠壓過對方的氣勢。很多時候,說服別人並不需要說得多、喊得響,而是需要適時的沉默。就像有人說的一樣:「雄辯具有說服力,沉默更具有說服力。」

正因如此,許多談判高手經常會利用沉默來打造自己的氣勢,先從心理上鎮住對方,從氣勢上打擊對手,從而利用沉默達到自己想要的目的。

看到這裡,或許內向型的朋友就會竊喜,原來自己不愛表達的性格特徵有這麼大的作用呢?不過,不要忽略了,我們這裡所說的沉默並不是說在談判的時候一言不發,只聽對方講,而是指一種談判策略。

對於這一策略,業內人士給出了這樣的定義:「在商務談判中,適時地閉嘴,放棄主動權,讓對方先盡情表演,或者是

第五章　沉默：有時候，無言勝千言

多向對方提問，並設法促使對方沿著正題繼續談論下去，以暴露其真實的動機和最低的談判目標，然後再根據對方的動機和目標，並結合己方的意圖，採取針對性的回答。」

為了驗證這一說法，我曾「以身試法」，現作分享：

三年前，我的鄰居李老師購買了一份住院醫療保險。前段時間，他因糖尿病住院十天，現在正與保險公司交涉賠償之事宜。因雙方金額相差較大，李老師便請我出面相助。

談判是在李先生家的客廳進行的，理賠人員是一個能說會道的人，他首先發表了意見：「先生，據我所知，你是一位口才極好的人，也曾經做過針對鉅額款項的談判，並且獲得了成功。在談判之前我要提前申明，我恐怕無法承受李先生的要價，因為我們公司只出 10,000 元的賠償金，你覺得如何？」

根據以往經驗，我知道，不論對方首先提出的條件如何，大多只是一種對對方的初步試探，完全還有讓步的餘地，也就是說，當對方提出第一個條件後，總是暗示著可以提出第二個、第三個……所以應當表示出不滿意。此時，沉默就派上了用場。我一言不發地坐在沙發上，表情嚴肅地沉默著。

果然，理賠人員沉不住氣了：「如果你們不接受的話，我們再加一些，15,000 元如何？」

良久的沉默後，我慢悠悠地搭腔：「抱歉，無法接受。」理賠人員繼續說：「好吧，那麼 20,000 元如何？」

我不再看理賠人員，轉過頭，盯著窗外。過了一會，才說道：「20,000元？不同意。」

見我不再理睬，理賠人員顯得有點慌了，他說：「好吧，30,000元。」

又是躊躇了好一陣子，我皺著眉回道：「嗯？30,000元？……不同意。」

「那就賠50,000元吧！再多的話我們可真接受不了了。」

就這樣，我只是重複著良久的沉默，重複著痛苦的表情，重複著說不厭的那句緩慢的話「不同意」，就在神態和氣勢上壓倒了理賠人員，而且慢慢摸清了對方的底牌，讓自己贏得了絕對的優勢。最後，這件理賠案在50,000元的條件下達成協議，而鄰居李先生原本只希望能要到30,000元而已！

通常情況下，談判中先打破沉默說話的一方就是讓步的一方，甚至連說話內容都很相像：「好吧，我再讓步2％，這是最後的讓步，如果你不同意，那麼我們只好終止談判。」

談判從本質上就是一場心理戰，誰先亮底牌，誰就占劣勢。所以，與其滔滔不絕，不如沉默寡言，擺出一種成竹在胸、沉著冷靜的姿態，尤其在神態上表現出一種優勢在握的感覺，而逼迫對方沉不住氣，招抵不上，自亂陣腳，先亮底牌，這種效果遠比唇槍舌劍的爭論更有震懾力和說服力。

第五章　沉默：有時候，無言勝千言

言淺意深，高開低走的危機

王坤是我大學時期的室友之一，他性格陽光，熱情又開朗，總喜歡在選修課上結識新朋友。我還記得有一次在邏輯學的選修課上，身旁坐著的都是其他科系的同學，大家彼此都不熟悉，王坤不好好聽課，卻一心想認識坐在我們前排的一位女生，甚至希望某天有機會能成為對方的男朋友。

課間休息時，王坤拍了拍女生的肩膀，說：「嘿，你上課太認真了吧。我覺得這位老師講課很一般啊，你不會是被他的外表所吸引了吧？莫非你是一位『大叔控』！」

女生回過頭，特別生氣地說：「他是我爸爸。」說完拿起課本走了。

那天，王坤就像蔫掉了的茄子一樣。

作為目睹這一過程的人，我只能嘆息。彼此還不熟悉的時候，千萬不要急著表達你的觀點，有時一句話就可以永遠結束你們緣分。

這絕對不是危言聳聽，比如新認識一位朋友，你動不動問人家：「你都三十歲了，為何還不結婚？還不生小孩？」、「你一個月賺多少錢？房子買在哪裡？」……你以為這樣是跟人家熟絡，可以讓你們看起來關係很好，但心理學發現，讓我們煩惱的，往往不是冷漠，而是熱情過了頭，缺少了邊界。

言淺意深，高開低走的危機

人與人的關係從陌生到親密，是需要一段時間的累積過程的，有時兩人的關係只是點頭打招呼，或者只是聊工作的同事關係。有多深的交情，就說多深的話。如果所說的話超出交情的範圍，尤其是在和談話對象互相不太了解的情況下，不知道對方的任何情況，你卻深入地交談，那麼不僅沒有說服力，反而會引起對方的反感，最終結果極可能是揠苗助長，摧毀了雙方進一步深交的機會。

那些高開低走的人，都是交淺言深。

一鳴是我無話不談的好朋友，最近他新換了一份部門主任的工作。上班第一天，他就興奮地告訴我，在新公司遇到一位老鄉，而且非常聊得來，屬於一見如故型的。人到中年，尤其是在職場，結識真朋友的機率相當低，我由衷地為一鳴感到高興。可誰知一個星期後，一鳴就開始抱怨連連，甚至想辭職。

問及原因，一鳴非常氣憤地說：「我把那位老鄉當作好朋友，請他一起喝酒的時候，我和他主動爆出我之前交過三個女朋友，這次換工作希望能夠事業和愛情雙豐收。可沒想到，這位老鄉回到公司，轉身就和其他同事說，我是一個很花心的人，這次進公司就是為了撩妹，要年輕女孩們提防著我。就這樣，同事們都開始用異樣的眼光看我，就連一開始看重我的主管也開始冷淡我了。」

事後我向一鳴表達了自己的看法：「他做得的確不對，但主要責任在你。」一鳴一臉的不解：「我有什麼責任，我只不

第五章　沉默：有時候，無言勝千言

過是為了增進同事之間的關係才說那麼多。」

「你們沒那麼熟，還沒有深切了解對方的前提下，就熱情地和對方說出你的祕密，並期望對方為你守口如瓶，你怎麼就沒有想過萬一他就是個大嘴巴呢？萬一他別有用心呢？」

果真，後來一鳴了解到，這位老鄉在公司多年兢兢業業，一直想升為部門主任，誰知公司卻打算另聘人員，也就是一鳴，所以他一心想將一鳴拉下來。而一鳴，恰恰提供了機會給他。

交淺言深的人，往往是想以最快速度獲取他人信任，但是如果你連這個人都不了解，卻把什麼心裡話都告訴對方，那麼就等於把你的命運交給了對方。因為你交出去的是一顆真心，也是日後他人對付你的匕首。所以，我一直認為，言語在交情之後，只有感情到位了，才有言深的餘地。

我一向很喜歡英國人的紳士，為此專門研究過英國人的言行，作家凱特‧福克斯（Kate Fox）所寫的《「英格蘭人是人嗎？」英格蘭人類學家揭發親族同胞潛規則的露骨田野報告》（*Watching the English: The Hidden Rules of English Behaviour*），裡面提到這樣一段話：

一項英式談話的潛在規則，就是避免「過分認真」。英國人更在意「嚴肅」與「肅穆」，「真誠」與「過分認真」的區別。

拒絕過分認真的交流，是英國人的社交準則。據我了解，

在英國的語言習慣中，非常重視個人的空間。比如，英國人非常不喜歡談論男人的薪資和女人的年齡，甚至家裡的家具值多少錢，也是不該問的，因為這是侵犯他人隱私的話題。英國人見面時最普遍的話題莫過於談論天氣，諸如「很冷，不是嗎？」這種語言方式看上去平平淡淡，實際上，對於交情尚淺的人來說，卻是最合適的方式。

我們在說話時要注意這一點，斟酌一下自己和對方的關係，根據彼此的關係掌握尺度。只有話語合理合度，方式方法適宜，表現出你的好修養、好教養，別人才能夠心服口服，最終真正達到你的目的。

第五章　沉默：有時候，無言勝千言

第六章　趣言：
幽默的人，自帶魅力光環

　　在人際互動中，誰都希望能左右逢源、如魚得水，為此我們竭力地表現自己，但其實這裡有一條捷徑，那就是幽默。幽默是極致百變，是妙語橫生，和這樣的人一起溝通，誰都會很輕鬆、很開心。有了這樣的修養，再普通的人也能化腐朽為神奇，風生水起好運來。

第六章　趣言：幽默的人，自帶魅力光環

溝通的靈魂在於趣味

有人曾問我：「你最喜歡和什麼樣的人交朋友？」

我思索一番後，做出了以下回答：「我喜歡和真誠的人交朋友，因為沒有必要設防；我喜歡和有涵養的人交朋友，能讓自己的品格得到淨化；我喜歡和自己有共同愛好的人交朋友，因為這樣有共同話題與情趣。但如果只能選擇一種，那麼我喜歡和幽默的人交朋友，因為人生苦短，快樂就好。」

你有沒有發現，與嚴肅的人聊天，往往會感到壓抑，繼而在言語上會變得拘謹、沉默，無時無刻不想逃離，甚至還會想著以後再也不跟這種人打交道。和幽默風趣的人聊天，心態就迥然不同了，不僅精神上會感到輕鬆愉悅，交流的氛圍也無比地融洽，很可能聊天結束後還想著下次能再聊一聊。

卡內基（Dale Carnegie）說：「關於溝通，除了詞彙之外，最重要的就是『趣味』！」對此，我深以為然。

演藝圈中，A是我非常喜歡的一位藝人，這不僅是因為他精湛的演技，動聽的歌聲，更重要的是他的幽默。在參加綜藝節目時，有記者就「顏值」問題提問他：「A先生，這檔綜藝節目每一期都會邀請『小鮮肉』參加，與這些小鮮肉們搭檔，您有什麼不一樣的感覺？」

A露出代表性的微笑，他揮了揮手，讓自己的工作人員將

他的手機拿來，打開相簿找出自己年輕時當歌手時拍攝的宣傳海報，然後用幽默的語氣對記者說：「看到沒？誰沒有年輕的時候呢！有什麼了不起的。」

緊接著，A又調侃起坐在身邊的B，B是節目中另外一位固定來賓，其貌不揚。A笑著說：「但是像有些人，年輕也是一段悲慘的歷史，這怎麼辦？」說完，他無奈地攤開了雙手，這幽默的回答將所有人都逗笑了，就連B都被逗得哈哈大笑，一點氣也生不起來。

還有一次，A參與拍攝了一部關於誘拐兒童的電影，他在電影中的角色是一位被拐走兒子的父親。在電影上映前，導演帶著主要演員們去一所大學做宣傳，活潑的學生們提出了許多有趣的問題。有學生問：「您向來都是演喜劇的，為什麼這次會演這麼沉重的電影呢！」

A回答：「淡妝濃抹總相宜。」

又有學生問：「連假將有三部您主演的電影上映，你最喜歡哪一部電影呢？」A笑著機智回答：「請問今天哪位導演來了？」

還有同學搞笑地問：「帥哥和美女，哪一個角色是您不能演的？」其實，這位同學提這個問題明顯是在調侃A的「顏值」。

A卻幽默地回答：「誰說我這個帥哥不能演美女？」

全場的同學都被A逗笑了，大家對他幽默且機智的回答佩服不已。

第六章　趣言：幽默的人，自帶魅力光環

　　A其貌不揚，卻人氣高漲，喜歡他的人不計其數，這就是幽默溝通的效果。

　　「桃李不言，下自成蹊」，這是為人稱道的一種觀念，意思是桃樹和李樹雖不說話，但人們卻被其鮮花和果實所吸引，以至於在樹下踩出一條小道。在當今社會中，人際互動的程度依雙方相互間的吸引力而定。一個人是否對別人有吸引力，在一定程度上取決於你是否具有幽默感。

　　這一點不難理解，幽默能夠引發喜悅，帶來歡樂，一笑之後彼此之間的距離還會遠嗎？彼此之間的拘謹少了，輕鬆多了，整個溝通氣氛就會變得祥和許多，使接下來的談話更順暢。一個掌握了幽默藝術的人，他的幽默語言和行為會一傳十、十傳百，成倍地擴展，於是吸引力和影響力便由此產生了。

　　正因為明白這點，在評斷一個人的時候，我時常將幽默列為其中的重要一項。

　　前段時間，我所在的企業要招募一位銷售經理，而我是這次面試的主要負責人。有一位年輕人學歷不是最高的、經驗不是最豐富的，一開始並不被看好，但最終卻在眾人中脫穎而出。為什麼？他的幽默感讓我留下了深刻的印象。

　　面試中，我問年輕人：「你認為自己最大的優點是什麼？」

　　年輕人答：「像螞蟻一樣勤奮工作，像牛馬一樣吃苦耐勞，像獵狗一樣忠誠無比。」

這幾個比喻又具體,又幽默,我接著又問:「你最大的缺點是什麼?」

年輕人答:「我的缺點是太愛銷售這一行,每當拿起一件商品,我總會不自覺地想,『這個商品的賣點是什麼?』、『如何吸引消費者』;無論在哪裡,無論遇到什麼人,我總是第一時間想到向他推銷,甚至有時吃飯時,我也忍不住想向對面桌的人推銷產品。」

聽到這裡,我情不自禁地笑了,又追問道:「那你怎樣贏得顧客?」

「我總結了幾個準則」,年輕人答道,「身段要放低,站在客戶的角度思考;態度要誠懇,耐心地解答客戶的疑惑;說話要可靠,絕不拿假話欺騙客戶……」這個年輕人說話太有趣了,我笑著點點頭,又問:「你對薪水有什麼期望?」

年輕人答曰:「我是一頭老黃牛,吃的是草,擠出來是奶。」

這位年輕人的回答不僅靈活幽默,而且富有哲理,這比那些我們習以為常的正統回答妙太多了,更能顯示了他的口才與智慧。

和朋友說話時,我也一直提倡輕鬆自然,也常將過去的趣事,將來的打算,工作上的得意與挫折,家庭中的歡樂與煩惱等,作為幽默的材料。打趣、挪揄,甚至嘲諷一下,都能增進彼此之間的感情。運用幽默,口吐蓮花,舌綻春蕾,「幽」得開

第六章　趣言：幽默的人，自帶魅力光環

心，「默」得可樂，這樣的交流實在有趣得很。

在這裡，我也希望正在讀此書的你，能在平時多累積一些歇後語，一些俏皮話，一些諺語、俗語、熟語、成語，一些趣詩、妙聯、典故，一些專用名詞，多聽有趣的事，經常向幽默高手學習。這樣，你才可能讓幽默融入生活，處處充滿歡樂，時時洋溢笑聲，華麗轉身為「幽默達人」。

記住，如果你想與他人相處融洽，你就得來一段引他人大笑的話語。

面對矛盾？試試幽默，效果更好

在與人相處時，不可能事事一帆風順，我們會遇到太多是非恩怨，有時還會與對方發生矛盾，這時候你會如何處理呢？

據我觀察，不少人會採取硬碰硬的方式，不管自己有理無理，都要理論一番，爭取口頭上「爭贏」，氣勢上壓倒對方。也許這樣是沒錯，有些人實在很過分，非得好好教訓不可。但當你一味地用語言去理論，把自己搞得怒氣沖天，把雙方都搞得水火不容，真是「贏」了嗎？在我看來，未必。

口頭上的爭論，是最沒有實際意義的。正如一句話所說：「很多時候你在與別人爭論時是贏不了的。要是輸了，當然你

就輸了；如果贏了，你還是輸了。」這句話看似矛盾卻是真理，因為爭論的結果十有八九只會讓雙方更堅定自己的觀點，如此接下來的溝通必將受阻或陷入僵局。

那該怎麼辦呢？難道面對矛盾時要忍氣吞聲、退一步海闊天空？不，我們當然不能讓自己「任人宰割」，這時候，最有效的解決方法就是幽默。幽默是一種能博得好感、贏得友誼的方法，尤其是遇到那些爭執的問題時，它能使人怒氣難生，化為豁達，進而收到大事化小、小事化無的效果。

我的朋友劉峰是一個說話非常幽默的人，無論遇到什麼樣的難題，和人發生什麼樣的矛盾，他都能三言兩語化解。

這天，劉峰搭公車去上班，由於車子突然急煞車，劉峰沒有站穩，不小心踩了一位女士的腳，女士「哎喲」一聲，朝劉峰喊道：「你這人怎麼踩人啊？」

「對不起，對不起，」劉峰趕忙道歉，並說道，「都怨我的腳沒長眼。」「誰的腳也沒長眼，但就你的腳踩我了。」女士沒好氣地說。

見對方一副惱火的樣子，劉峰爽朗地笑了幾聲：「哈哈，要不，你也踩我一下吧？」

女士質問劉峰：「你為什麼不講理？」

劉峰撓撓頭，回道：「我本來就沒理，和你講什麼理？」女士一聽抿嘴一笑，怒氣全消了。

第六章 趣言：幽默的人，自帶魅力光環

憑藉幾句幽默的話，劉峰避免了一場口舌官司。好笑吧？還有一個更有意思的事呢。

劉峰到一家餐廳吃飯，點了一隻香酥烤鴨。結果菜端上來後，他發現盤中的烤鴨少了一條腿，於是詢問服務生：「這烤鴨怎麼就一條腿？」

服務生仔細看了看還真是，先是一愣，隨即急中生智地說道：「真對不起，您點的這隻鴨子可能是和牠的同伴打架時被咬掉了一條腿。」

很明顯，服務生是想迴避問題，劉峰隨即笑了起來，用同樣巧妙的回答化解了這場尷尬：「既然如此，那麼請幫我換一隻打勝的鴨子吧。」

明明是一種劍拔弩張的氣氛，卻在幽默的調侃中變得輕鬆起來。在輕鬆愉快的笑聲中，還有什麼不能解開的結呢？

在我看來，與別人發生了衝突或矛盾，還有心思與對方開玩笑，這並不是一味地迴避、無視，而是以幽默的方式展示一種友愛，表現出的是一種很高的語言修養，常常可以讓人立於論辯的不敗之地，並且化爭執為會心一笑，這樣我們也就巧妙地化解掉了生活中的各種矛盾，處處逢源了。

明白了這個道理後，當與人發生矛盾時，你不妨多一些幽默，少幾分刻薄。「饒人不是痴漢，痴漢不會饒人」，這句話的意思就是說，在社會交際中，聰明人即使是占上風的時候，也

會替對方留幾分情面，得饒人處且饒人。在此基礎上，如果我們再能加一點幽默，那就更好不過了。

一天傍晚，我正在街上悠閒地散步。突然聽到後面有人連聲喊著：「別動，別動！」

我趕緊回頭一看，天啊，一個騎腳踏車的小女生正衝著我騎過來。我趕緊站住了，但還是被撞倒了。

「哎呀，你反應太慢了！你要是早點站住別動，也許我……」小女生連聲抱怨著。

此刻我摔得有些痛，聽到小女生的話更有些生氣，但想了想，我幽默地說：「你剛才叫著『別動，別動』，不就是為了瞄準我嗎！這下你可算心想事成了。」

一聽這話，小女生不好意思地撓撓頭，笑道：「真對不起。」

運用一句幽默的話，我既化解了自己心中的怒氣，又讓騎車的女孩輕鬆地擺脫了困境，發揮了一箭雙鵰的作用。

看到了吧，幽默的話語就是這樣，不用取笑他人，不用批評他人，也不用傷及他人的自尊，就可以讓自己和他人消除矛盾，同時還可以展現自己的聰明才智，讓自己的形象得到提升，將自己的魅力充分地展現，無疑是利人利己的。

下次遇到類似的局面，你就試試看吧，也許你會收穫不小呢。

第六章　趣言：幽默的人，自帶魅力光環

閒談寒暄，加點「料」，一語勝千言

實習期間，我曾做過一段時間的銷售工作，主要推銷一款太陽能熱水器。我深知自己社會經驗不足，也知道銷售是個艱辛的職業，白天努力工作，晚上學習歸納，將那些推銷話術記得滾瓜爛熟，也將產品研究得很透澈，自認為自己可以做得很好，但客戶卻總是不買帳，業績也一直上不去。我很困惑，回來之後就問銷售主任：「我這麼努力也無法銷售成功，是不是天生就不是做銷售的料？」

銷售主任問我：「每次見到客戶，你是如何推銷的？」「見到客戶時，我會十分恭敬地問對方『請問您需要一款太陽能熱水器嗎？』」銷售主任搖搖頭：「一見到客戶就直衝主題談推銷，常常會使對方有唐突的感覺，大多數人會毫不猶豫地拒絕，你需要先寒暄一下。」

怎麼寒暄呢？我請教了銷售主任，也詢問了其他同事，得到了很多建議，還自己上網查了很多資料和建議，比如如果對方喜歡足球，那就可以和對方聊一聊近期的足球比賽、最喜歡的足球明星等；如果對方已為人父母，那就試著和對方聊聊孩子的成長和教育問題等。如此運用於實踐中，效果果真不錯。

但與此同時我發現，同部門的一位同事小李業績一直遙遙領先，任憑我怎麼努力都追不上，於是我對自己說：得想想

問題在哪裡。後來我發現，面對一位新客戶，我總需要拜訪四、五次才可能成交。而小李不一樣，他和客戶第一次見面就能讓對方印象深刻，不僅樂意購買產品，還主動替他介紹客戶。

為什麼我做不到這種程度？為了搞清楚這個問題，我主動向小李請教：「為什麼客戶第一次見面都那麼喜歡你，你是如何做到的？之前銷售主任說寒暄特別重要，我做了，效果很好，但仍不如你，難道是你的寒暄與眾不同嗎？」

聽了我的分析後，小李笑笑，回答道：「你分析得很對，我的寒暄裡加了幽默。」

「這個其實很好理解」，接下來小李解釋道，「比如，與身邊的朋友們見面，我們經常會寒暄，如果總是『你吃過飯沒』、『最近好嗎』、『今天天氣不錯』會過於平淡，是不是？如果加一點幽默，來一句『你今天吃什麼好吃的了，分享一下啊，看你一嘴的油水』，是不是馬上拉近了彼此的距離呢？」

原來如此，自此我明白了，寒暄是談話中的「開場白」，將直接影響交流是否順暢、愉悅。但千篇一律的寒暄，說得多了，聽得多了，大家都有些麻木，肯定無法讓彼此留下深刻印象，甚至覺得這是習慣性的應酬，沒有交談下去的興趣和必要。如果在寒暄中加點幽默的成分，彼此會心一笑，定會加深別人對你的印象，對協調交際氣氛也是很有幫助的，接下來的談話會順利得多。明白了這點之後，我不僅將幽默的寒暄融入

第六章　趣言：幽默的人，自帶魅力光環

與客戶的交流中，在生活中也時時處處地運用，事業和人際都有了令人開心的表現。

劉叔是我們社區的一位退休人員，他幾乎每天早上六點在社區公園鍛鍊身體，我上早班時總能遇見他。之前碰面時，我總是笑著打招呼：「劉叔早，在練身體啊！」劉叔也笑著回我：「早，上班啊！」雖然我們已經碰過近百次面，但關係一直普通，屬於見了面就打聲招呼的那種，直到有一天，這種關係突然改變了。

這天早上我出門準備上班，雖然已經是三月分了，但天色依然有些灰暗，能明顯感覺到冷風，我不禁拉緊了衣服。這時，我看見劉叔正在社區公園裡練腰腿，於是幽默地寒暄道：「劉叔，您每天起這麼早啊，真是早起的鳥兒有蟲吃。」

沒想到，劉叔恰好也是一個幽默人，他笑著答道：「最近老天爺心情不太好，老是板著一副冷若冰霜的面孔。你穿得那麼薄，小心著涼。」

我被逗樂了，回道：「老天爺要像您一樣整天樂呵呵，我們豈不是和非洲人一樣了。」

劉叔笑著回道：「我們要真成非洲人，現在猜想只能看到對方的兩排大白牙了。」

這一段幽默式的寒暄是不是很有意思？很明顯比乾巴巴的「早，在練身體啊」、「早，上班去啊」好得多，不僅談話氣氛

輕鬆、愉快，而且顯得兩人很熱情、很親密，感情又推進了一步。再後來，劉叔開始邀我一起下象棋，期間他不僅慷慨地教我棋藝，也教會我許多人生經驗，我們成了忘年之交。

如何幽默地寒暄呢？不少人向我提及過這個問題，我的經驗是，寒暄的話題有很多種，遍地都是素材，那些大家都關注、熟悉的話題都是很適用的，比如天氣。

我們再來看一個有趣的例子：

連續下了幾天的大雨，這天幾個人為了避雨，一時被困在了一家購物中心裡。一個人說：「已經6天了，怎麼老是下雨呀？」

一位老實的中年人按常規回答：「是呀，出門都不方便。」一旁的小女生打趣道：「龍王爺一生氣，後果很嚴重啊！」

一個年輕人也插話：「要我說，大概是天上哪裡破了洞，而那些管理中心的人都去度假了，所以老是漏水。」

一位阿姨笑著努努嘴：「再這樣下去，每天出門就進游泳池了，得隨身帶著救生圈了。」

一連下了幾天雨，「出門都不方便」，通常情況下人們都會這樣來接話。這樣的寒暄聽起來沒有什麼問題，但總覺得有些呆板。而後面幾個人的回答就不同了，話語中帶著幽默，讓人忍俊不禁，既營造了熱烈的談話氣氛，又為他人帶來了歡樂，相信一定會將下雨所帶來的壞心情一掃而光。

第六章　趣言：幽默的人，自帶魅力光環

　　寒暄的話語以幽默的形式表達出來，讓人如沐春風，有時只是短短的一句話，就可以增加無限的人格魅力和人際吸引力。

愛情的較量，幽默先發制人

　　表弟是一個靦腆的男孩，如今三十歲，因之前一直忙於考碩士、考博士，一直沒有時間談戀愛，依然單身。最近，我將一位同事的妹妹曉月介紹給他，兩個人年齡相當，郎才女貌，人品都好，我們都很看好。

　　這天，兩人相約在一家咖啡館正式見面了。

　　初次與女孩約會，尤其是一個讓自己非常心動的女孩，表弟非常緊張，一時間不知道該說什麼話好。曉月很矜持，簡單打了招呼後，也選擇默不作聲。不能一直乾坐著啊，表弟想了半天，向曉月問道：「你喜歡喝咖啡嗎？」

　　曉月回答：「還可以！」

　　一陣沉默……

　　數分鐘後，表弟嘗試了第二個話題：「你有妹妹嗎？」曉月回答：「沒有。」

　　又是一陣沉默……

表弟想了想，追問曉月：「如果你有個妹妹的話，你覺得她喜歡喝咖啡嗎？」

「我不知道，你最好去問一個有妹妹的人。」曉月說完，站起來就走了。

聽完這兩個年輕人的約會經過時，我和同事笑得眼淚都出來了。至此，我也明白了表弟至今沒有對象的原因，就是與人交流缺少適當的幽默。

與人約會時，也是很需要說話技巧的。如果語言太過於平淡，常常顯得很刻板，無法讓對方留下好的印象，而且這樣的談話明顯是失敗的。為了避免這種情形的發生，運用幽默是一種可行方法。幽默為什麼在這裡也能行得通呢？原因很簡單，任何人都會喜歡一個能讓自己開懷大笑、無拘無束的人。

是的，贏得愛情需要一顆真誠的心，一種誠摯的情，更需要機智與幽默的表達，製造出一種活潑寬鬆的交際氛圍。

得知表弟很中意曉月後，我決定教表弟一些幽默說話的技巧，並送給他幾本培養幽默感的書看。經過我和同事的一番說和，兩個年輕人決定再次見面。

誰知約會當天，表弟因塞車遲到了半小時，趕到時，他趕忙道歉：「對不起！等久了吧？」

曉月上次本來就生氣，這次見表弟遲到更生氣了，撇撇嘴：「整整等了三十分鐘。」

第六章　趣言：幽默的人，自帶魅力光環

「別生氣，我倒是等了三十年才有緣認識你！」表弟幽默地說道。聽了這句話，曉月臉上的怒氣不禁消減了一些。

「你知道嗎，」表弟決定打破上次的僵局，「上次問你喜不喜歡喝咖啡，其實我是想說，我挺喜歡喝咖啡的。但你沒有問我，我也就不好意思說。」

曉月微微一笑：「是這樣啊。」

「真的，」表弟推了推鼻梁上的眼鏡，繼續說道，「如果早上不喝咖啡，我將心力枯竭，像是一塊乾癟的烤羊肉。」

聽了這句話曉月笑了，氣氛融洽下來，大家顯得很輕鬆，一切也都順利進行。

「今天和你聊天真愉快，但我覺得自己會失眠。」表弟聳聳肩，說道。「為什麼？」曉月不解地問。

「每一次深入的交流，都好比一杯提神的黑咖啡，會讓我難以入睡。」

經表弟這麼一說，曉月樂得抿著嘴笑了。分別時，表弟建議道：「加個社群帳號吧⋯⋯」

曉月原本是願意的，但故作矜持地問：「為什麼？」表弟笑著回答：「因為你不像壞人呀。」

曉月大笑，加了帳號。

這次約會為什麼會成功？就在於，表弟學會了幽默的表達，與這樣的人約會聊天，會讓人感到輕鬆和快樂，那麼他怎

能不備受異性的青睞呢？

在戀愛場合中展示個人魅力，以便獲得好感的方式有很多種，你可以利用深邃的思想或獨立的見解，讓對方產生敬佩；也可以憑藉財力、體力或某種才能獲得對方的仰慕。而幽默的說話方式不僅能將自己的心意巧妙地傳達給對方，還能展示出自己的教養，無疑是最輕鬆、也最節約時間的方式。

這一點，相信諸多的女人會深為贊同。我曾問及周圍的女性朋友：「你最喜愛的男人個性是什麼？」絕大多數人都認為是「忠誠、能幹、有幽默感」，其中80%的女人提到「幽默感」，並將男人的幽默感作為她們選擇結婚對象的首要條件。一句俗語「男人不逗，女人不愛」，也印證了這一理論。

幾年前，我的朋友程宏看上了一位銀行的出納員，那是一個年輕漂亮、工作認真的女孩，他一直苦惱如何向對方告白。後來，程宏想了一個好辦法，他幾乎每天都到銀行，只在女孩所在的窗口辦業務，不是存款就是領錢。當兩個人漸漸熟悉起來之後，程宏把一張紙條連同銀行存摺一起交給了女孩。

「直到那時我才明白，他每天來銀行都是為了我，」女孩幸福地與人訴說著，「而我無法抵擋這誘人、新穎的求愛方式。」

程宏在那張紙條上寫著：「我喜歡你很久了，你願意和我在一起嗎？這段時間裡，我一直儲蓄著這個想法，期望能得到利息，得到你一點點的愛。這週六晚上，你能把自己存在電影

第六章　趣言：幽默的人，自帶魅力光環

院裡我旁邊的那個座位上嗎？如果你沒有時間，我把它安排在星期日。不論折現率如何，做你的陪伴始終是十分愉快的。」女孩愣了一會，隨即歡悅地答道：「我們可以試試呀！」

枯燥的銀行業務知識被程宏作為求愛的工具，幽默風趣，含蓄委婉，又耐人尋味。與如此浪漫機智的男生在一起，女孩的幸福可想而知。在表白的過程中，幽默往往能巧妙表達自己的愛意，以最快的速度抵達人心，去打動對方的心，使人在歡笑中體會到深沉的愛，這就是幽默的奇異效果。

美好的愛情可遇不可求，一旦你喜歡上一個人時，若想讓自己在短時間內魅力大增，贏得別人的好感和認可，那麼不論你是美是醜，是富是窮，是老是少，是機靈或木訥，唯一不會失誤的祕方只有一個，那就是學會幽默的表達。這往往能點破玄機，推波助瀾，使雙方的關係得以昇華。

下面再推薦幾種幽默告白，找出適合你的，向你的意中人告白吧。

你是世界上最厲害的小偷，因為你偷走了的我的心，讓我每天無時無刻不想你！

我想不明白人為什麼結婚，如果你也好奇，讓我們一起研究看看吧。

我對你的愛只值一毛，但一毛等於十分。

……

這樣幽默風趣又富有創意的情話，相信沒有幾個人可以抵擋得了吧！

機智幽默，輕鬆化解尷尬

在現實生活中，每個人都可能會陷入尷尬之中，有時是自身所致，有時是他人所致。面對難堪，我們真恨不得挖個地洞鑽進去。但誰也不能鑽地而行，即使真能抽身而退，當了逃兵總是不光彩的，而且問題往往得不到解決，遲早還要面對。怎麼辦呢？其實有一種方法很奏效，這就是幽默。

幾年前，我曾經追過一部電視劇，裡面有這樣一段故事，非常生動有趣，至今想起餘味無窮。

盛夏的一天，紀曉嵐和幾位同僚在軍機處閱書，紀曉嵐熱得汗流浹背，後來乾脆光起了膀子。突然，乾隆帶著幾個隨從來了。別人連忙起身迎上前去接駕，紀曉嵐來不及穿衣服，但光著膀子接駕豈不是冒犯龍顏？於是他趁人不注意躲到了桌子底下。

誰知，這一幕早被乾隆看到了，乾隆心中一陣好笑，有心想「整整」紀曉嵐，便在旁邊的椅子上坐了下來，一聲不吭地看起了書。

第六章　趣言：幽默的人，自帶魅力光環

　　很長時間過去了，紀曉嵐在桌子底下待不住了，不僅被熱得大汗淋漓，而且腰也酸了，腿也痛了。聽到外面一直沒有動靜，他心想皇帝大概已經走了，便喊道：「喂，老頭子走了嗎？」

　　一聽這話，乾隆板起臉來，厲聲叫紀曉嵐趕快出來。滿屋子的人都忍不住偷笑，心想這下子可有好戲看了。而紀曉嵐一聽是乾隆的聲音，心裡一緊，但現在沒法躲了，只好無可奈何地從桌子下鑽出來見駕。

　　乾隆大聲喝道：「大膽紀曉嵐，居然敢稱朕是『老頭子』，你什麼意思？」紀曉嵐一邊擦汗，一邊苦思對策。忽然他靈機一動，回道：「『老頭子』是對您的尊稱。」

　　「尊稱？」乾隆質問道，「怎麼個尊敬法？」

　　紀曉嵐面不改色地解釋道：「先說這『老』字，天下臣民每天皆呼皇上萬歲，您說這萬歲算不算老吧？皇上您是我大清國的主事之人，是天下萬民之首，這『頭』字非您莫屬了。至於這『子』意義更為明顯，皇上您貴為天子，是天之驕子，故此稱您為『子』，這便是稱『老頭子』的來由。」

　　聽完紀曉嵐的這一番解釋，乾隆瞇著眼睛笑了起來：「好一個『老頭子』。」

　　當時我忍不住拍手叫絕，紀曉嵐不愧是鐵齒銅牙，在如此尷尬的場面下，他適當地用幽默的語言巧妙回答，不但很好地化解了尷尬，贏得了乾隆皇帝的諒解和支持，而且為自己的言

行平添幾分雅趣，使氣氛更加濃烈。

誰都不喜歡深陷窘境，越尷尬的局面，越需要我們力挽狂瀾才行。而要做到這一點恰恰需要冷靜，積極發揮自己智慧，去找一切可以突破的因素，產生機智而又幽默的趣言妙語，迅速轉移他人的關注焦點，從而輕鬆地擺脫尷尬。

阿莊和阿良是我的同事，也是我的朋友。兩個人都很能幹，為人也不錯，不同的是，阿莊身高185公分，高大帥氣身材好。阿良身高165公分，短小精幹，長得也挺一般。但偏偏阿良的老婆長得特別好看，膚白貌美還身材高，是一位令人羨慕的空姐，這讓阿莊心裡一直隱隱有些嫉妒。

這天，我們幾個同事吃完飯湊在一塊聊天，聊著聊著就說起了各自的老婆。這時，阿莊突然酸溜溜地衝著阿良說了一句：「你說你這小矮子，上輩子是拯救了銀河系吧，居然能娶個這麼漂亮身材又好的老婆。你說我，高大英俊，其他條件也不比你差，怎麼娶的老婆居然還不如你，怪沒天理的！」

阿莊這酸話一出口，氣氛頓時變得尷尬了起來，那言下之意不就是在說阿良處處不如他嗎？這讓我們其他幾個人都不知道該如何接話好，我也不禁擔心起阿良來！

這時，阿良卻平靜地笑了，然後說道：「你沒聽過一句話嗎？濃縮的都是精華。打個比方，你就像那電線桿，我就是那濃縮的金條，你說這大家是喜歡電線桿還是金條啊？」

第六章　趣言：幽默的人，自帶魅力光環

阿良的一席話，引得我們大家哈哈大笑起來，尷尬的氣氛也頓時一掃而光。

聽了阿良的這一席話，你能否從中有所啟發？

顯而易見，面對阿莊半開玩笑的抱怨，阿良如何接話是很關鍵的，應對不慎就會引發矛盾，自毀形象。在這關鍵時刻，阿良神色不改地面對出現的問題，幽默地化解了場面的尷尬，同時也給予了阿莊不卑不亢的回擊，著實令人稱道！可見，幽默絕對是「救火」的良方，也是說話高手的必備技能。

幽默就是這樣，不僅可以巧妙化解可能陷入的尷尬，同時三言兩語就可以征服別人。而且，這種幽默又能感染那些原本準備看你笑話的人，使他們反而對你投來讚賞的目光。

自嘲，讓人更喜歡你的妙招

熟知的人應該知道，我是一個喜歡「自嘲」的人。所謂「自嘲」，就是拿自己的缺點或是不足來開玩笑，比如我經常在社群平臺秀自己做的「暗黑料理」，或是分享自己所做的腦子短路的事情，比如往牙刷上擠洗面乳刷牙、坐公車居然坐反了方向等，總之是自己懶懶的、笨笨的一面。

「你不擔心這些有損自己的形象嗎？」有朋友不理解我的做

法,「畢竟,你的人脈圈很廣泛,在工作上也一直呈現的是精幹的一面。」

「那你因為這些糗事而看低我了嗎?」我笑著反問。

「那倒沒有,」朋友思索了一會,說道,「實際上,我對你的這些行為不僅沒有反感,反而覺得你更接地氣,莫名地討人喜歡呢。」

對於朋友的回答,我並不意外。因為我明白,在與人溝通的時候,最容易博得他人好感的,並不是那些喜歡誇誇其談、往自己臉上貼金的人。反而是那些坦然地接受自己的缺點和不足,勇於拿自己開玩笑的人。

一位培訓講師雖只有四十來歲,頭上卻大多禿了,僅剩下幾根短短的頭髮在倔強地「站」著,常有人在背後叫他「禿頭」。該講師不氣不惱,卻經常對人自嘲:「熱鬧的馬路不長草,聰明的腦袋不長毛」,在培訓課上他也曾自嘲道:「我這人上課有個好處,如果教室光線不好,我隨身攜帶一個電燈泡。」

一位女子長相清純甜美,體型苗條勻稱,有一種大氣高貴的氣質,令人頓生「只可遠觀而不可褻玩焉」的感覺。但在交際中,她卻經常拿自己開玩笑,她說:「聽過我說話的人一致認為我唱歌一定好聽,見過我的人都認為我跳舞肯定很棒。可惜我身上天生就沒長音樂細胞,唱歌老跑調,跳舞沒節奏感……」

……

第六章　趣言：幽默的人，自帶魅力光環

聽了這些「自嘲」的話，你有什麼感受？會看低這些人嗎？不，我們反而會覺得對方很可愛、很真誠，富有人情味，願意和他們交流溝通，乃至成為朋友。

「自嘲」絕對不是詆毀自己、貶低自己、抹黑自己，而是幽默展現自我的一種方式。據我觀察，「自嘲」的形式無非就是這兩種：一是嘲笑自己的短處和不足；一是嘲笑自己的失誤。也就是說，你要對自己的醜處、羞處、蠢事等不予遮掩，而是運用誇張、開玩笑的方式巧妙地說出來。

在說話過程中，有時即使你幽默風趣、妙語連珠，有些人還是不願對你打開心扉，使接下來的溝通異常艱難。何況，當我們和別人存在心理隔閡、彼此並不了解時，幽默一旦掌握不好分寸，就可能會引起對方的不愉快，甚至得罪人。「自嘲」是最保險的方法，這樣的調侃手到擒來，也不會惹人嫌。

如果你對此有所懷疑，我們不妨來看一個精采的例子：

我的朋友高鵬是某大學的一名企管系高材生，又拿到了碩士學位。這樣的高學歷使得身邊的人都看好高鵬的未來，包括高鵬自己，但當高鵬帶齊了所有的文憑去一家大公司應徵一個管理顧問的職位時，卻遭到了該公司老闆的拒絕。高鵬很需要一份養家餬口的工作，他誠懇地請求對方給自己一個機會。該老闆固執地搖搖頭，說道：「我只是一名高中畢業生，沒有什麼文憑，卻靠自己的能力走到現在，所以我不相信文憑，更不

喜歡那些文質彬彬又專愛講理論的人。在我看來，你雖然擁有高學歷，但我可以猜得到，你的腦子裡裝滿了一大堆沒有用的理論。」

「不是這樣的！」高鵬在心裡大喊著，但他知道這樣的辯解不會替自己加分。怎麼辦呢？高鵬想了一會，心平氣和地說：「我覺得您說得對極了，假如你答應不告訴我父親的話，我要告訴你一個祕密。」

「什麼？」該老闆不解地看著高鵬，不知他想搞什麼把戲。

高鵬湊了上去，小聲地說道：「其實我在大學裡不僅掌握了專業的理論知識，還練就了一手管理他人的好辦法。實不相瞞，我曾親自創立了兩個社團，不是為了學習，也沒有什麼目的，只是為了滿足我愛管人的心理需求罷了。」

該老闆聽了哈哈大笑地說：「好，那明天你就來上班吧。」

就這樣，高鵬運用「自嘲」輕易地在一個固執己見的人面前求得了一份工作。

高鵬幽默地貶低了自己一番，或許有些人會認為這樣做不合適，是對自己的輕視，但顯而易見他由此消除了對方的提防、懷疑等心理，並喚起對方輕鬆、愉悅等心理，為自己塑造了一種和善可親的形象。何況，一個人的學識如何，不在於自己的評價，你貶得再低也不會使學識減少一分一毫。

看到了吧，「自嘲」讓你一句得逞，一步到位。沒有求不動

第六章　趣言：幽默的人，自帶魅力光環

的人，沒有辦不成的事。

在我看來，「自嘲」的人內心都十分強大，來自勇敢者對語言的駕馭，正如一句話所說：「勇於面對自己的不足，用自己的不足為別人增添笑料的人，才最勇敢。」現實中，真正能做到「自嘲」的人少之又少，若你想成為其中之一，就要注重培養豁達的胸懷、樂觀的境界、超脫的心態等。

幽默與得體，缺一不可

生活中你是一個幽默的人嗎？如果你的答案是肯定的，那麼恭喜你。但這並不意味著，你所展示出的「幽默」越多，就越會得到人們的欣賞和喜歡。

生活中你是否有過這樣的體驗，當一群人都在聚精會神地研究或者討論某一具體問題的時候，突然有人插入了一句毫無關係的玩笑話，或者講了一個幽默的小故事，你會覺得好笑嗎？不大可能。即使你知道對方的本意是好的、善意的，恐怕也會認為這是一種非常不禮貌、不尊重別人的行為。

比沒幽默感更可怕的是自以為很幽默。

不管什麼狀況，都故意幽他一默，不叫幽默。把記得的笑話和小故事背出來，不叫幽默。

自己覺得好笑，別人不覺得好笑，不是幽默。自己覺得好笑，別人卻聽了難受，更不是幽默。

⋯⋯

為什麼這些都不是幽默？因為，讓別人開心地笑，這才是真正的幽默！注意看清楚，是讓「別人」「開心」地笑，裡面有兩個關鍵點，只有我們都做到了才是真正的幽默。否則，一不小心就會做錯，讓幽默變成一種幼稚、嘲諷、輕浮、不誠懇、不尊重人⋯⋯這些都有失體面，也會自毀形象。

有些人就因為不懂得這點，結果苦心經營的幽默報廢了不少。

我身邊就有這樣一位男性朋友，叫趙宇，他自認為風趣幽默極了，逢人就愛講笑話，尤其是人多的時候。

這天在公司小組的討論會上，輪到同事王博發言了。只見他站起來吞吞吐吐了半天，臉憋得通紅，卻一句話也說不出來。大家都知道王博最近感冒了，喉嚨發炎，都為他捏了一把汗。而趙宇卻嘻嘻哈哈地開起了玩笑：「哈哈，你平時見到女生就緊張得臉紅，這次又緊張了吧？你看你，臉都變色了，都成紅燈了。」這是一個非常正式的會議，同事們都停下來匪夷所思地看著趙宇，而此刻在王博看來，趙宇的玩笑話就相當於當眾貶損了自己，他的自尊心受到傷害，頓時惱羞地瞪了趙宇一眼，而且一連幾天都不理他了。

第六章　趣言：幽默的人，自帶魅力光環

趙宇開玩笑說王博的臉變成了「紅燈」，其實本是一種幽默風趣的說辭，無傷大雅。他開玩笑的本意也並不是讓王博難堪，但這種玩笑話與現場的氣氛不搭調不說，也讓王博陷入當眾難堪的窘境，所以這是一種自以為是的幽默，只會讓旁人對你的言行不屑一顧，甚至還會對你產生反感。

前幾年，一名儒學老師多次講到「凡事要有度」，一旦超出某個範圍，再好的東西也會變壞，這讓我留下了十分深刻的印象，也啟迪我無論做什麼事都要掌握分寸。幽默也是如此，雖然我一直在強調幽默在說話中的重要性，但幽默必須是適時適地，說得風趣得體才行。

赫魯雪夫（Khrushchev）天生是一個禿子，發亮的腦門十分顯眼，雖然他經常自嘲這是智慧的象徵，但還是有人會經常以此取笑他。

一天，一個中年人用手摸了摸赫魯雪夫的禿頂，說道：「你的頭頂摸上去真光滑，就像女人的臀部一樣。」

聽完對方的話，赫魯雪夫當即予以否認：「不，我不認為是這樣。我覺得，這是我母親偉大的傑作之一。因為她看到當今世界的黑暗面太多了，所以特意讓我變成了一個禿子，好替大家送來一點光明。」

哪一種幽默更勝一籌，相信你們心中都是有數的。將禿頭比喻為女人的臀部，這樣的幽默很明顯是不得體的、低俗的，

會令聽者感到不舒服。赫魯雪夫則不一樣，他拿禿頭來表現自己追求光明的思想，表現自己服務他人的理想，這多麼不同凡響，展現了一種高尚、純潔的人格魅力。

看到這裡，相信不用我再多說，大家應該也能理解到，幽默不是油腔滑調的故弄玄虛，不是矯揉造作的插科打諢，不是格調低下的笑話，而是一種高層次的語言藝術和思想智慧，不僅可以使人開懷大笑，或把人帶到愉快的氣氛裡，還應使情趣與哲理達到和諧統一，讓人得到一定的啟迪和思考。

在培養幽默感的道路上，希望大家都能少走一些彎路。

第六章　趣言：幽默的人，自帶魅力光環

第七章　讚技：
10 秒鐘的讚美，直達人心

　　世上有一種最動聽的語言，那便是讚美。喜歡讚美，是人的天性。在交談中，真誠的讚美能滿足人們內心被尊重、被關注、被肯定的人性需求，往往比振振有詞更扣人心弦，更能建立一種彼此互有好感、互相信賴的情感，從而做起事來也會更加順暢。

第七章　讚技：10秒鐘的讚美，直達人心

所有語言中，最動人的就是讚美

李姨是我家的一個遠方親戚，在我的印象中，每次看到她時她都是在做家事，有時是圍著圍裙在廚房做一日三餐，有時是幫一大家子洗大大小小的衣服……二十多年來，李姨辛苦地照顧一家人的生活起居。在鄰里眼中，她是好女人；在公公眼中，她是好兒媳；在丈夫眼中，她是好妻子；在孩子眼中，她是好母親。

但這些都是他人心中的想法，李姨心中總是悶悶不樂。因為，李姨每天從早到晚忙得腰痠背痛，卻沒有一個人誇讚過她，似乎這些都是她應該做的。

這天傍晚，忙碌了一天的家人們回到家中，以為能吃到熱騰騰、香噴噴的飯菜，誰知道李姨竟然什麼都沒有做。丈夫勃然大怒，問她是不是瘋了；公公氣得渾身顫抖；孩子們也很不解，說母親得了精神病。

李姨憤怒了，大聲地說道：「原來你們還知道我的存在，二十多年了，我為一大家人洗衣做飯，可你們誰在意過。你們誰告訴過我，這麼多年裡，你們誇讚過我一句嗎？」

這是一個長期得不到讚美的女人所做的反抗，這難道不是很多人的心聲嗎？或許有些人會說李姨矯情，讚美的話有那麼重要嗎？告訴你，食物被每個人的胃強烈需要，讚美也被每個人的心強烈需要。人的胃會飢渴，需要進食。人的心也同樣會

> 所有語言中，最動人的就是讚美

飢渴，需要進食，而讚美就是最好的精神「食糧」。所有語言中，最讓人舒暢的是讚美，如同陽光之於世間萬物。

大家都應該有過這樣的體會，一走進購物中心或店鋪，我們經常聽到大部分的商家在介紹商品時也會讚美客人，見了女人就會說「漂亮」、「有氣質」，見了男人就是「好帥」、「有魅力」，諸如此類的話雖然沒有什麼區別，你也知道商家只是恭維而已，但你絕不會感到厭惡，而是臉上禁不住微笑，就算再內向、再靦腆的人也會在心裡沾沾自喜，這就是人性。當然，除非對方說得太離譜了。

為什麼我們這麼喜歡聽讚美的話呢？因為人最需要的，也最渴望的東西就是獲得來自他人的尊重和承認。而帶有讚美意義的話語，是對我們的某種行為給予的肯定和獎賞，這輸送的是一種正面的訊息，就包括尊重、理解與認同等，如此勢必能為人帶來一種積極、愉悅的心理感受。

有些人不愛說話，你以為他們不過是些不開口的鳥兒，錯了，他們才是真正厲害的溝通者，不說則已，一開口總有人停下手中的動作，聽聽他們說什麼，即使他們說的話很簡單，人們也會覺得「有道理」、「聽他說話就是不一樣」。驚訝嗎？難道這些人會妖法？才不是，他們只是懂得讚美罷了。

平時我是一個很好客的人，有一次我邀請關係不錯的幾個朋友到家裡去吃烤肉。這是一個小型的家庭聚會，我已經在自

第七章　讚技：10秒鐘的讚美，直達人心

家的院子擺好一排排烤肉架，這次聚會既是為了慶祝孩子的生日，也是為了與朋友們聯絡感情，所以我不但邀請了自己的朋友，也邀請來了另一半的朋友，場面很熱鬧。

過完開心的一天後，客人們散去了，另一半一邊收拾，一邊和我說話：「聽到我的朋友們都說什麼了嗎？他們希望以後每個月都舉行一次聚會呢。」

「我聽到了。」我笑著說。

「你對我的哪個朋友印象最深刻？」另一半問。

「夏萍。」

另一半有些意外：「你並沒有和夏萍說幾句話，而且她既不是丹丹那樣的美女，也不像姍姍那麼健談，你為什麼會記得她呢？」

「因為我聽到她對你說了一些話，」我回答說，「她說：『我真羨慕你，你有一個多麼好的老公，他這樣精心地為我們準備這次聚會，又如此考慮你的朋友，他的服務真周到，他是真的愛你。』」

瞧，我就是因為這麼短短幾句讚美，記住了夏萍這個貌不驚人的朋友。每個人最需要的是讚美，最缺少的也是讚美。因此，我們想要迅速地打動人心，就要給予對方恰到好處的讚美。

唐威是一位退役的軍人，幾年前，他在馬路上救了一個即將被汽車撞上的孩子，孩子安全無事，他卻斷了一條腿。那條

腿傷痕累累，看上去甚至有些可怕。以前，唐威最喜歡到海邊游泳——因為這是他最喜歡的運動。現在他的腿殘疾了，不可能再像以前一樣游泳了，但天氣好的時候，他會和太太到海邊的沙灘上晒太陽。但這時候，他總會發現別人驚訝地看著自己，有的還躲得遠遠的。顯然，人們都介意他有一條醜陋的腿，甚至是有些害怕。

從此，唐威再沒有心情享受海邊的舒適：「我不想再去那裡，我只想待在家裡。」如果誰勸說他的話，他還會胡亂地發脾氣。

太太不希望唐威如此消沉下去，也不知道如何勸說唐威，便請來一位朋友幫忙。

「我知道你為什麼不想去海邊，」朋友笑著說，「因為你為腿上的傷疤而自卑了！」

唐威沒有想到朋友這麼直接地說出自己的心聲，便說：「我承認，你說得對。我不想別人看到我的傷疤，更不想別人對我指指點點。」

聽到唐威這樣說，朋友坐了下來，溫柔地說：「唐威，你的那些傷疤正是你勇敢的徽章。是你的勇敢，讓你贏得這些疤痕。它們是你的光榮，並不是你的恥辱。我覺得你不應該想辦法把它們藏起來，而是應該驕傲地展現給人們和自己。」

朋友的話讓唐威沉思了很久，最終也讓他走出了陰影，他感激地對朋友說：「是的，我應該記住自己是怎樣得到它們

第七章　讚技：10秒鐘的讚美，直達人心

的，而不是在乎別人的眼光和看法！」

從此以後，唐威恢復了自信，再一次來到海邊。

這一次，儘管還是有人用異樣的眼光看他，可唐威再也沒有想要逃離的想法。當一個小男孩膽怯地問他「你的腿為什麼這樣」時，他自豪而又輕鬆地說：「我看到一輛汽車衝向一個孩子，我想也沒想，就將那個孩子推向了路邊，結果孩子得救了，我卻受傷了，之後我的腿就變成了這樣！」

「那你還痛嗎？」小男孩問。

唐威笑著說：「早就不痛了，它是我的勳章。」

小男孩的眼神中多了尊敬和崇拜，問道：「我可以摸一下它嗎？」

唐威笑著點了點頭，而小男孩則真誠地說：「你是英雄，你的腿也很漂亮！」而此時，唐威身邊也響起了掌聲。

唐威是一位英雄，雖然如此，他卻因為自己「醜陋」的腿而感到自卑。而此時，朋友的幾句讚美則給了他最大的勇氣，讓他知道那些傷疤並不「醜陋」，而是勇敢的見證，是他最值得驕傲的地方。正因為如此，唐威才能坦然面對別人異樣的眼光，並且自豪地和小男孩談論自己的傷疤和經歷。

看到這裡，你還懷疑讚美的神奇力量嗎？讚美，如同興奮劑一般，能幫助人們走出壓抑，重新振作起精神來！能在瞬間讓對方對自己產生好感，讓彼此相處得輕鬆舒服。這是與人溝

通的絕好方式，也是說話高手祕不可傳的「殺手鐧」。

請想一下，你有多久沒有讚美身邊的同事、朋友或者家人了？或許當你冷靜思考之後，就會發現——自己的人際關係越來越差，就是因為缺乏讚美的溝通意識！

讚美恰到好處，才能發揮最佳效果

我大學的教授也是一位業餘作家，他的出書率很高，名字時常出現在暢銷書榜或者改編的影視作品上。前段時間他出了一本新書，還舉辦了一場聲勢浩大的新書答謝會。

期間，來自諸多朋友的讚美聲不絕，「您的書真是太棒了！」、「這是我看到最好的作品！」、「你真是一位不錯的作家！」、「你的作品很值得我們拜讀和學習。」……教授面對大家的讚美一一答謝，但是這樣的讚美他聽得太多了，真感覺有點「讚美疲勞」了，臉上不由得顯現出敷衍的表情。

這時過來一名女記者，她主動伸出手來與教授握手，另一隻手指著教授修剪整齊的頭髮說道：「先生的髮型很搭配您的身分，顯得有品味，還十分有魅力。」聽到這位女記者的話，教授的眼睛頓時亮了起來，精神抖擻地向對方道謝。原來，剛被女記者稱讚的髮型是教授找了形象顧問專門設計過的，還找了資深理髮師精心修剪的，可是現場卻沒有人對他的髮型進行

第七章　讚技：10秒鐘的讚美，直達人心

讚美，這不免讓他有些失望。現在被女記者這麼一誇，正好誇到了他的心坎裡。

後來，教授還接受了這位女記者的獨家專訪，而且兩人還成為好朋友。

從這個事例中，我得出一個道理，打開別人的心房，讚美無疑是最好的鑰匙，但好鋼用在刀刃上，誇人誇得很恰當，才能收到打動人心的效果。

是的，人有千面，沒人會喜歡千篇一律的讚揚話。讚美別人的時候，切忌你的話是人云亦云的，即不要別人怎麼說，你就跟著怎麼說，只是揀來別人說過的話重複一遍。一遍遍聽到同樣讚美的話，被讚美的人怎會對你那索然無味的讚美感興趣呢？你的話不僅無法引起對方的注意，甚至會令他們厭惡。

所以，我的建議是，讚美別人時要因人而異，進行針對性的讚美，而不是一刀切。要知道，我們讚美對方就是為了讓其產生快樂、美好的感覺，只有選擇對方的「特別之處」，非同一般的「發光點」，這樣的讚美才有針對性，才能真正誇得很恰當，讓對方喜上眉梢，並感受到你真誠的心。

比如，對於經商的人，我們可以稱讚他頭腦靈活，生財有道；對於有地位的公務員，我們可稱讚他為國為民，廉潔清正；對於知識分子，我們可稱讚他知識淵博、寧靜淡泊；對年輕人，我們不妨帶著肯定的語氣讚揚他的創造才能和開拓精

神,並舉出幾個例子證明他的確前途無量……

為此,我們可以試著去發現對方不為人知或不易被察覺的優點,也可以從一個人的光榮史中找到對方為之驕傲的一、兩件事或優點,從而加以讚美。生活中,很多人十分關心自己最在意的事情,每當向別人談論起這些話題就興致勃勃,如果你對這些事進行讚美,那麼你的目的很快就能實現。

幾年前,我曾經幫助一位朋友拿到一筆非常大的生意。當時一位姓高的商人計劃在我們老家市區建造兩棟商業大樓,於是很多人都前來商洽,希望高先生能把一些工程交給自己。

這天,高先生舉辦了一次酒會,慕名而來的人幾乎都是對工程有意的建築商或裝修商,包括我的朋友。他是一位桌椅商人,當時他和其他人一樣,對著這位高先生說足了各種溢美之詞,但對方彷彿並不感興趣,不過三、五句對話便結束了交談。在朋友的推薦下,當時我也來到這次酒會。

「你好,高先生。」見到高先生,我熱情地握手。

「你好,你是?」

在做了自我介紹之後,我滿臉誠懇地說:「我一直十分羨慕您的辦公室,聽說它被裝修得很漂亮,還十分有格調,我對木工有所了解,對此十分感興趣。」

高先生聽後大有感觸,說:「您說我的辦公室裝修得很棒,我已經很久沒有聽過這話了,就連我自己都差點忘了當時

第七章　讚技：10秒鐘的讚美，直達人心

是怎樣費盡心思來裝修它的。如果您很感興趣的話，就隨我前去看一看吧！」

我連忙表示贊同，來到辦公室後，高先生就像撫摩一件心愛之物那樣，到處撫摩著辦公室的每一個地方。「我每天從這個地方出出進進，卻已經有幾個星期的時間沒去欣賞它了。」高先生很感傷地說道。

「這是英國的櫟木做的，對嗎？英國櫟木的紋路和義大利櫟木的紋路有點不同。」我一邊摸著一把精緻的椅子一邊說。

「是的，這是從英國進口的櫟木，是一位專門與細木工打交道的朋友為我挑選的。」接下來，我被高先生帶領著參觀了房子的每一個角落。後來，高先生打開一個十分精緻的帶鎖的箱子，從裡面拿出幾張很寶貴的照片，向我講述起他早年創業時的奮鬥歷程，我們越談越投機，最後竟然一起共進晚餐。

當我離開時，已經幫朋友拿到了兩棟大樓的桌椅生意。

這一切看似十分順利，卻緣自我在約見高先生前，事先了解到辦公室的裝修是他最得意的事，於是恰當地迎合了他的心理，對著辦公室的裝修大加讚美，這樣便會很快引起對方的好感，使對方產生惺惺相惜、相見恨晚之感，當打開對方的話匣子後，再巧妙地引出自己的話題，這就是一次成功的溝通。

讚美的話語並不在多，而在是否能誇得很恰當。只要用心觀察，你總會發現別人與眾不同的細微之處。而巧妙獨特的讚

美之聲,就像甘甜的蜜水流進對方的心裡,會為溝通打開一扇窗,讓溝通的氣氛更加和諧。

讚美也有「保固期」,過期無效

以前我很少誇讚表揚兒子,倒不是兒子不如我願,而是我擔心誇讚多了,兒子會驕傲。比如,當兒子第一次自己上學,獨立自主地完成作業,或幫忙做一次家事時,即使兒子充滿期待地看著,我也會笑笑不語,然後晚上睡覺前用一句話總結:「兒子,你今天的表現很棒,我們為你感到驕傲。」

按照常理來說,受表揚後的孩子會有正面的情緒,因而更加積極地去努力。但後來我發現,兒子總弄不清楚為什麼受到了表揚,也不確定做什麼事情是對的,會受到表揚,如此他對我的表揚不會有什麼印象,更別提強化好的行為了。

後來一位從事教育的朋友告訴我,在孩子的心目中,事情的因果關係是緊密連繫在一起的,年齡越小,越是如此。所以,表揚一定要及時,當孩子做完某件事或正在進行中,就給予適當的表揚,表揚越及時,孩子越容易明白哪些是好的行為,越容易找準努力的方向。「任何東西都是有保固期的,讚美也是。」讚美也有保固期?第一次聽到這種理論時,我感覺

第七章　讚技：10秒鐘的讚美，直達人心

有些奇特，但聯想到實際生活和工作，不免發現的確如此。

記得正式進入職場一年後，我迎來了人生中的第一次升遷。我高興壞了，恨不得將這個好消息敲鑼打鼓地昭告天下，讓所有人都知道我的努力得到了回報。當時公司幾乎所有的同事都第一時間為我祝福：「聽說你升遷了，付出總會有回報，真為你高興」、「你今天所獲得的成績，是實力的證明」……

唯獨同事顧龍，什麼也沒有說。當時我心中雖然有些失望，但我知道，那段時間他正忙著一個專案，所以也沒有多想。

兩個月過去了，這天上班時顧龍找到我，忽然跟我說：「恭喜你，升遷了。」「啊？」我有些恍惚，以為自己又有升遷的好消息了。

顧龍笑笑解釋說：「哎呀，上次你升遷的事，我沒有來得及恭賀你。」「沒什麼。」我也笑了，接著我們開始聊其他的話題。

雖然現在聽到恭賀的話，我依然接受，但很明顯，我的心境和之前已經大不相同。當時聽到的每一句話我都十分激動，現在已經非常平淡了，甚至內心開始思量：「這都已經是過去的事情了，他為什麼突然跑過來誇獎我？是不是有所企圖？要是真誠的話，為什麼不當時就恭喜我？」

之前，我還遇到過一位經理，他平時總愛板著臉，一副嚴肅認真的樣子。一旦我們出現了錯誤，他就會立即劈頭蓋臉罵

一頓。雖然他也時常表揚和誇獎我們，可這讚美的力度和時效就差遠了，時常過了很久才會提起。

一次，我所在的小組拿下了一個大案子，為公司贏得了豐厚的收益。我和同事們非常興奮，認為經理這次肯定會讚美和獎勵我們了吧！誰知，這位經理卻沒有任何表示，對我們的態度也和之前一模一樣，這讓我和同事們失望了很久。

直到第二個月，經理在部門會議上才提起這件事情，說：「上次你們表現非常不錯，拿下了這麼大的專案，值得表揚！我會向公司申請給予你們獎勵。」

可這時，我和同事們卻沒有了當初的興奮勁，還覺得經理有些虛情假意。

是的，讚美是有「保固期」的，也是需要講究時效的，往往過期作廢。及時送上讚美才是錦上添花，可以發揮事半功倍的作用，讓人立即產生榮譽感。否則，等到「湯都涼了」再去讚美，讓人聽了跟沒聽一樣，沒有任何影響不說，還容易顯得缺乏真誠，甚至招致一些不必要的誤會。

正因為之前的經理總是批評下屬，卻沒有及時讚美和表揚，大家的工作能量都不高，業績也不太突出。所以，後來公司領導者決定另請高人，把那位經理給辭退了。

新來的經理雖然貌不驚人，才不出眾，言語不多，卻總是能夠及時讚美和表揚我們，即使是一點進步，他也會大聲說：

第七章　讚技：10秒鐘的讚美，直達人心

「小王，這個工作做得真不錯！」、「小李，文件做得比上一次好多了！」、「這一次，你真讓我們大家刮目相看」⋯⋯及時的讚美讓我們感到前所未有的興奮，虛榮心理得到了充分的滿足，所以情緒和幹勁也非常高。

結果，短短半年時間內，部門的業績就成長了20%。更神奇的是，我們都成了公司非常忠誠的部下，任憑別的公司高薪挖角都挖不走。

看到了吧，如果你想要打動人心，僅僅學會讚美還是遠遠不夠的。我們要懂得讚美的技巧，當他人做出成績，或是表現良好的時候，要在第一時間內給予讚美；當你發現了別人的優點，那麼就不要猶豫，立即把自己的想法告訴他。如果一時忘記了，那麼也應該設法及時補上，越早越好。

把恭維當讚美，是一種無知

我的姑父是小鎮上很有能力的人，因此很多人都來求他幫忙解決問題。姑父性格豪爽，只要不違背做人的原則，他都會盡力幫忙，但有些人也會被拒之門外。

上個月我回了一趟老家，期間和姑父坐在一起喝茶，一個叫瑞的中年男人前來尋求幫助。從進門的那一刻開始，瑞先生

就不斷讚美說：「您真的太了不起了，整個鎮，哦不！全市！哪個不知道您的大名和您的好心。我想用不了多久，全國都會知道您的。您不僅是大人物，還是大善人，這真是太難得了。」當時我強忍住了笑意，姑父有些尷尬地回答說：「你這麼說可太誇張了，在鎮上都是大家給我情面，不然我什麼也做不成。」

瑞先生又說：「您就別謙虛了，您就是對政治不感興趣罷了。要我說，如果您也參加選舉，我看要不了幾年，市長都該您來當。」

看著瑞先生越說越離譜，姑父沒有回答。

但瑞先生沒有收手的意思，又誇起了姑父養的小狗，他說：「您真的太了不起了，養了這麼一隻獨特的狗，與眾不同！」

姑父冷冷地說：「這就是一隻普通的土狗，沒什麼特別的。」說實話，當我聽到旁邊有人猛灌好話，確實也會一臉的不屑。

後來，瑞先生又轉而誇讚姑父的房子、車子、孩子，甚至是保母。直到最後連他自己都不知道該誇什麼好了，才停住滿嘴跑火車式的誇獎。

當瑞先生向姑父提出自己的請求時，姑父委婉地拒絕了。「人家那麼誇您，您也不回饋一下嗎？」我笑著揶揄姑父。

「不是我不幫，」姑父搖著頭，嘆息道，「我只是感覺這個人太假了。」

第七章　讚技：10秒鐘的讚美，直達人心

儘管人人都喜歡聽好話，但說讚美的話時，我們要注意的是，並非任何讚美都奏效。能打動人心，引起對方好感的只能是那些基於事實、發自內心的讚美。相反，你若無根無據、虛情假意地讚美別人，甚至讚美得不符事實，言過其實，對方只會覺得你很虛偽而產生反感，溝通也將宣告無望。

比如，對一個相貌平平的女孩，為了跟她套交情，你卻偏要說她美如天仙；對一個不懂專業的人，你卻誇口說他是個天才；如果一個人球技爛得不能再爛，你卻違心地誇他球技好。那麼，對方馬上就會認定你是個口是心非、虛偽之至的人，還可能認為你不懷好意，是在嘲笑他，或想利用他。

可見，讚美雖能幫我們更快贏得人心，但貨不真價不實的商品無人問津，同樣虛假的、恭維式的讚美也讓人難以接受。

所以，在我看來，把恭維當作稱讚是一種無知。不要為讚美而讚美，讚美一定要真實具體，言之有物，越具體越好，這是我常常會提及的要點之一。要做到這點，就需要我們具體而詳細地說出對方值得稱道的地方，並說出自己的感受，如此既能讓對方直接感受到你的真誠，又能讓讚美之辭深入人心。

我們來看看以下這兩組對話：

「你這幅畫畫得無與倫比！」

「你這幅畫畫得真好！顏色搭配得十分舒服，我尤其喜歡這片草原，你看，小草畫得多好，我都能感覺到它們在風中搖

把恭維當讚美，是一種無知

曳的樣子……」

「你唱歌真是全世界最動聽的。」

「你的歌唱得真不錯，挺有韻味的，特別是那句……尾音做了適當的顫音，既穩住了，又加入了情緒，十分好聽。」

至於哪種讚美更好，相信不需要我再贅述，你們一定都能明白。

在現在這樣一個情感表達自由開放的社會裡，讚美和接受讚美已經是再普通不過的事。不過，在讚美他人的時候，如果我們能明確指出原因，明確說出令你心生讚美的理由，那麼帶給對方的一定不是過度的恭維、空洞的吹捧、虛假的客套話，這對被讚美的人來說，是多麼感動和開心的事。

例如，當你誇一個人「真棒」、「真漂亮」、「真聰明」時，這類泛泛的讚美，往往給人敷衍的感覺，是無法打動人心的。對方內心深處也立刻會有一種心理期待，想聽聽下文，以求證實：「我棒在哪裡？」、「我漂亮在哪裡？」、「我聰明在哪裡？」此時，如果沒有具體化的表達，是多麼令人失望！

所以，當讚美別人時，你一定要在心裡問自己你要讚美的具體對象是什麼。比如，他究竟好在哪裡？我佩服他哪個方面？她究竟漂亮在哪裡？是眼睛還是身材，眼睛又是如何漂亮……可列舉具體事實，也可以說出你的感想。只要源於生活，發自內心，真情流露，就能收到讚美之效。

第七章 讚技：10秒鐘的讚美，直達人心

「請教式」讚美，讓人難以抗拒

「你看上去心情不好，有什麼能幫你的嗎？」「不用了，謝謝。」

「這個實驗你做了好幾次也沒有成功，要不要我幫你？」「不用了，謝謝。」

……

以前，我一直以為不麻煩別人是最大的禮貌。身邊的朋友們都曉得我凡事都習慣自立，只要自己咬住牙可以做到的事，就絕對不會開口求助。因為不想麻煩別人，所以我總是獨來獨往，盡量自己解決所有的事情。自然，這樣的我總給人一種疏離的感覺——彷彿像路邊的石頭、電線桿一樣。

我改變的契機來自於認識了段軒，一個很喜歡「麻煩」別人的朋友。

段軒是我的大學室友，大學期間，他很喜歡「麻煩」別人：「這道題怎麼做？我做了好長時間也不會，你可不可以教教我？」、「為什麼你考試成績那麼好，有什麼訣竅嗎？」……我雖然不喜歡麻煩別人，但卻不會拒絕別人的求助，每次聽到段軒如此求助時，總會忍不住地伸出援手。

朝夕相處間，我依然按照慣常的方式行事，突然有一天，段軒找了一個私下的時間跟我說：「在你面前，有時我覺得自

己是個沒用的人。」

我很驚訝,不知道段軒為什麼會這樣說。

段軒解釋說:「你從來沒有麻煩過我,哪怕是很小的事情。」

我也試圖解釋說:「我之所以不麻煩別人,是害怕別人討厭我。」

「那你討厭過我嗎?」段軒追問,「你有沒有想過,主動『麻煩』別人,多向別人請教,其實也是一種讚美。」

細想一下,儘管段軒經常「麻煩」我,但我從未討厭過他,相反還對他有一種親切感,甚至從內心很享受他的「麻煩」,因為這證明我有值得學習和借鑑的地方。

當然,僅從我個人經驗難以驗證段軒的這種說法。後來,段軒又用事實向我做了證明。

畢業後,段軒在家人的幫助下開了一家器材生產廠。沒多久,附近一家大學計劃修建一座現代化的教學大樓,大樓修建完畢之後需要補充很大一批器材。在得知校方把器材採購事項都交給了一位張教授負責之後,各個廠家的銷售人員開始找門路和張教授接觸。為了拿下這筆生意,有的銷售員天天跑來纏著張教授,人前人後地拍馬屁;有的則鍥而不捨地向張教授講述他們的產品到底有多好;還有的銷售員乾脆直接丟擲誘餌,暗示會給張教授一大筆回扣⋯⋯

段軒也想拿到這筆大單,但他的工廠規模小,資金也不充

第七章　讚技：10秒鐘的讚美，直達人心

裕，明顯處於劣勢。就在眾人都想盡辦法「各顯神通」地接近並討好張教授時，段軒卻劍走偏鋒地出了奇招。他親自向張教授寫了一封信——「尊敬的張教授，我們是一家並不知名的電化教育器材廠，得聞您在這方面有經驗，特邀請您以專家的身分前來參觀，並就工廠新設計出並打算年底投產的一套設備，給予改進意見。」

收到信後，張教授感到非常榮幸，一口答應了段軒的請求。而且，身為這方面的專家，張教授也非常期待段軒提到的這批新設備，迫不及待地想看看這批設備有什麼特別之處，與以前的老設備相比有什麼不同。

在段軒的安排陪同下，張教授參觀了工廠，並親自測試了尚未投產的新設備，提出一些改進意見。段軒非常感激，之後還誠懇地向張教授表達了謝意。不久之後，張教授就決定在段軒的工廠購買學校需要的電化教育設備。之後不久，張教授還主動幫段軒介紹朋友前來預定了一批計劃年底投產的新設備。

人們喜歡聽讚美的話，因為心底有著被別人認可和欣賞的渴望，那麼，還有什麼能比別人跑來向你「請教」，更能滿足人們的這種渴望呢？試想，若是對方願意向你請教，希望能得到你的建議或意見，並最終按照你的意見去行動，那肯定說明對方確實是認可且敬佩你的能力的。

所以，這種直接用實際行動展現出來的稱讚，往往比直接的稱讚更能帶給人滿足感和成就感。就像段軒，當其他的銷售

員想方設法誇讚甚至利誘張教授時,他沒有任何一句天花亂墜的稱讚,卻直接用請教表達了對張教授專業能力的肯定,讓張教授從中獲得了最大的成就感,這簡直是「無聲勝有聲」。

孟子曾經說過:「人之患在好為人師。」意思是,一個人最大的缺點就是喜歡做別人的老師。恰當運用這種心理,當你想讓某人對你產生好感時,與其搜腸刮肚地說好話去誇獎對方,倒不如以「請教」的方式,用行動表達你對對方的認可與尊重,同時也給對方一個一展所長的機會。

「在這方面您是專家,可不可以請教您⋯⋯」

不過,我要提醒大家,在使用請教式的稱讚時,一定要對對方有一定的了解,要「請教」對方擅長的事情,這樣才能讓對方真切地體會到成就感和滿足感。如果你所請教的問題,恰恰是對方不擅長的,那麼效果就會大打折扣了,甚至可能讓對方產生誤會,以為你的「請教」是故意給他難堪。

切記,知己知彼才能百戰不殆。

欲揚先抑,讚美也講究層次

這個世界上沒有不喜歡被讚美的人,那麼怎麼才能讓一句讚美達到最佳效果呢?

第七章　讚技：10秒鐘的讚美，直達人心

我的經驗是，獲得別人好感的最有效方式不是直接讚美，而是採取欲揚先抑的辦法。讓人們在短時間內產生心理落差，這樣的讚美會使人產生更大的驚喜，更能吸引別人的注意。也就是說，如果想誇一個人，可以先說一點點不好的地方，再說出他的優點，誇讚的效果立即就會提升很多。

我並非空口無憑，在心理學上有一種「阿倫森效應」：

著名的心理學家阿倫森（Aronson）做過這樣一個實驗，他將實驗對象分為四組，讓四組人對同一個人給予不同的評價，觀察哪一組最能獲得這個人的好感。第一組始終採取褒揚的方式，第二組始終對這個人進行貶損否定，第三組則先褒後貶，第四組則採用先貶後褒的方式。結果實驗顯示採用先貶後褒方式的那組獲得了最多的好感，而先褒後貶的方式卻是最令人感到厭煩的方式。

「一開始我覺得你這人有些高傲，時間長了，我發現你其實蠻隨和的。」

「我記得你以前車技一般，現在，怎麼車開得這麼好？」

「他小時候家境不好，功課也不好，但現在成功且富有。」

「你以前身體不算好，現在這麼有活力，真是越活越年輕。」

……

這些讚美的話雖然前面有貶低的意味，但聽起來更令人心生歡喜，不是嗎？所以，我們在讚美的過程中，要注意自己的

> 欲揚先抑，讚美也講究層次

說話方式，學會運用欲揚先抑的讚美方法，這樣才能獲得對方更多的好感。

為了更清楚地進行說明，在這裡，我替大家再列舉一個有名的歷史故事。

唐伯虎是唐代著名才子，才華出眾，詩詞畫作在當時擁有很高的評價，當時的富豪官紳都以得到唐伯虎的詩畫為榮。

一次，唐伯虎受朋友的邀請參加當地一名鄉紳老太太的六十大壽，由於這家鄉紳的子女都在朝廷做官，所以壽宴也宴請了當地的各界名流。酒酣耳熱之際，眾賓客紛紛祝賀，說了許多華貴的綺麗賀詞。這時，再美好的辭令也顯得很平常，這時一位官員提議唐伯虎為老太太作詩一首作為壽禮。

只聽，唐伯虎慢悠悠地對著壽星唸道：「這個婆娘不是人。」

聽到這一句，在場的鄉紳名流大驚失色，大家以為唐伯虎醉酒失禮，十分尷尬地看著老太太，而這時老太太的臉色已經變得鐵青。

這時，唐伯虎微微一笑，不慌不忙地又唸了一句：「九天仙女下凡塵。」

頓時，現場尷尬的氣氛緩和了下來，有人還連連稱讚，老太太的臉色也有了好轉。可是，唐伯虎又唸了第三句：「生下兒女都是賊。」

199

第七章　讚技：10秒鐘的讚美，直達人心

大家剛緩和的神經又繃緊了，老太太的兒子再也坐不住了，十分氣憤地對唐伯虎說：「今天是家母的六十大壽，請你賦詩一首，如果你不願意可以拒絕，怎麼可以罵人呢？」

唐伯虎示意他不要著急，唸下一句：「偷得蟠桃獻母親。」

老太太的兒子一看，頓時怒意全無，連連拍手叫好。老太太十分喜歡這首詩，隨後笑逐顏開地叫人裝裱後掛了起來。

在這裡，唐伯虎採用的就是一種欲揚先抑的手法，四句詩有抑有揚，前一句和後一句之間都是先抑後揚，既有效地吸引了大家的注意力，又讓大家的心理從一開始的緊張、憤怒到最後的輕鬆和歡喜，將整個壽宴推向了高潮。可見，唐伯虎的才思果真敏捷過人，讚美別人的最佳方式就是欲揚先抑。

明白了「欲揚先抑」的妙處，你不妨也在讚美中多試試吧。

多在背後說人好話，受歡迎的捷徑

剛認識黎哥的時候，其實我不太喜歡他。因為他會當面說我如何優秀，人品如何好等，讓我覺得肉麻。來往一段時間之後，我感覺開始對他有好感了。因為我發現，他不但當面說我的好話，而且在我不在的場合也說我的好話，我經常在我們共同的朋友那裡聽到他讚美我的話。沒有人會拒絕一個認可自己的人，自然，我對黎哥越來越尊重、信任、友好了，彼此的關

係也越來越和睦了！

後來有一次我問黎哥：「你為什麼老說別人的好話，而且在背後也說別人的好話呢？」

「在背後說人好話，」黎哥神祕地一笑，「這是我的致勝法寶！」

接下來，黎哥向我講述了他的一番經歷：「當年我畢業後進入一家報社工作，由於初出茅廬，沒有各方面的經驗，工作上的事做不好，元老級的劉副總編對我恨鐵不成鋼。我也因此每天一籌莫展，垂頭喪氣著。」

「一天，我看到劉副總編在辦公室與同事們閒聊，我不經意聽到，他當著同事們的面誇獎我人真不錯，工作認真仔細，態度也積極，未來一定能成為一位好編輯。」黎哥繼續說道，「大概有一個月左右吧，這些話就牢牢記在我心裡，我更加努力地工作了。下班還積極充電，補充專業知識。劉副總編也對我大加親近、重用，我一連負責了幾個重要社會新聞的報導，名氣慢慢起來了。再後來，我當面感謝劉副總編，告訴他之所以我有現在的成就，就是因為那天在背後聽到了他說的好話。」

原來如此，回想自己的職場，我其實也曾有過一些「奇遇」。

比如，我在一家公司工作不滿一年，就被老闆提拔為部門主管，為此我感到非常高興。不過也有些疑惑，因為自己來公

第七章　讚技：10秒鐘的讚美，直達人心

司時間並不長，怎麼就受到了老闆的青睞呢？以前我總是以為自己是走了「狗屎運」，現在想來，我明白了其中的原因，原來是源於同事背後對我的讚美發揮了作用。

有一次，在和同事一起合作一個專案的時候，因為一個問題吵了起來。我當時非常氣憤，結果發現是我的工作出了問題，我主動跑去向同事道歉。這之後，我工作時嚴格要求自己，確保自己不會再出錯了。後來他對其他同事說道：「這個人有才華、有能力不說，對於工作也非常努力認真。」

後來，這位同事在與老闆開會的時候，就談到了我的工作能力。這讓老闆感到高興和欣慰。於是，老闆對我有了很好的印象，觀察到我平時努力工作，認真踏實，而且表現也不錯，便將提拔的名額給了我。我沒有想到，同事對於我的讚美竟然直接傳達到老闆那裡，還讓自己獲得了大好的機會。

其實，這一招用在人生的任何地方都是非常有效的——不僅僅是職場。背後說別人的好話，遠比當面恭維別人說好話，效果要好得多，甚至事半功倍。試想，如果有人在你面前說「你是位很了不起的人」、「最近你身材越來越好了」，你是不是會疑心對方的真心，或者覺得虛假。若有人告訴你，「XX對我說，你是位很了不起的人！」、「怪不得XX說你身材越來越好，今天一見果然所言不虛。」你能不高興嗎？你對XX的好感也會油然而生。

有些人可能會想,在背後稱讚人豈不是竹籃打水一場空嗎?人家怎麼會知道你在稱讚對方。其實不用擔心,語言可以一傳十,十傳百,我們在背後說他人的好話,是很容易就傳到對方耳朵裡去的。不但如此,你在背後說別人的好話,會被人認為是發自內心,不帶私人動機的。對方自然會情不自禁地感到愉悅和鼓舞,增強對你的信任感,願意與你成為朋友,並進一步往來。

退一步說,我們讚美他人的目的並不是為了討好他人,為什麼又非要讓別人知道呢?那這樣的讚美與恭維又有什麼區別呢?

所以,當你希望讓某人留下良好的印象、當你期望與某人建立友好的關係時,不僅要學會當面讚美對方,還要趁著對方不在場時,多在背後說人幾句好話。這好話可能在對方意料之中,也可能在他意料之外,不過越出乎意料,好話所發揮的作用越明顯,越能打動人心。這一招,你學會了嗎?

第七章　讚技：10秒鐘的讚美，直達人心

第八章　勸導：
指正的話，也能說得讓人悅耳

　　批評的話語就像治病的藥，雖然對人大有益處，卻沒人會喜歡吃「苦藥」，而只有在藥上裹一層甜甜的「糖衣」，人們才能欣然接受。其實高明的批評，聽起來也都是悅耳動聽的。而真正會說話的人所做的批評，也不僅僅只是批評那麼簡單，更多的是真摯的交流、引導和指正。

第八章　勸導：指正的話，也能說得讓人悅耳

勸導的核心，是激勵而非指責

我們社區的停車位非常吃緊，經常會有晚歸的車主停車不合規範，擋住了消防通道，或者是擋住別人的車位。保全老張是個火爆脾氣的人，每天他執勤時，一旦發現有車停得沒規矩，馬上就會查車牌查電話，然後一通電話打過去：「你看看你車停的，你擋得別人怎麼走？你馬上下來挪車，不然別怪我們鎖車！」

然後情況就是：一輪到老張執勤，物業與車主的矛盾就特別多，小的口角和爭吵是小事，還會有車主大吵一架後拒絕挪車，甚至是之後故意停車不合規範報復物業，有時一停就是好幾天，嚴重破壞了社區的治安和環境。老張平時的工作還是挺認真負責的，卻經常和業主發生衝突，這讓物業經理很是頭痛。

後來，物業經理把老張的巡邏時間進行了調整，避開了晚間車輛回來的高峰期，然後換了另一位保全來負責這個時段的巡邏。面對胡亂停車的業主，這位保全總是委婉平和地和業主溝通：「門口的車是您的吧？您停得有些不合規範，擋住了其他車進出，車主很著急，我們在車這裡等您，麻煩您盡快下來挪一下車。」

這樣的說法方式讓人聽起來舒服很多，如此之前態度再蠻橫的業主也願意配合，避免了很多不必要的爭端。這樣一來，整個社區都感覺到晚上平靜了許多，物業經理也不用每天為吵

架的事發愁了。

看到別人犯錯了,很多人都想上去說上幾句,要別人馬上改正錯誤。這本來是出於一份好心,但是事實上,我們卻發現,提醒犯錯的那個人,往往並沒有得到對方的感激,相反往往對方總是心生不滿。為什麼會出現這樣的情況呢?主要是因為我們說話的語氣不夠委婉,太過生硬。

試想一下,一個人對你說的是:「時間到了,趕緊去吃飯!」另一個人對你說的是:「現在時間已經很緊迫了,準備吃飯吧,不然等等見朋友會遲到的。」你會更願意聽誰的話?其實,追根究柢,二者的目的都是勸你抓緊時間去吃飯,都是對你的一種關心。但顯然,前者生硬命令的語氣卻難免會讓人心中產生牴觸和叛逆的情緒,而後者充滿關心的建議則更容易讓人感到心裡很舒服。

許多人曾經問及我,如何才能做到「忠言不逆耳」,在我認為,這裡的關鍵就在於讓別人覺得你的話聽起來很舒服。有什麼樣的態度,就有什麼樣的用語。如果你的態度生硬,批評的語氣也必定會尖銳,別人也就不會買你的帳。如果你的態度誠懇,語氣也必定會親切,讓人聽了心裡舒服。

要想改變批評時的態度,我們要明白,批評不是目的,只是一種方法,批評在於指出別人的缺點或錯誤,並期待對方改正,所以絕不能簡單化地看待批評,或者把批評當作個人情緒

第八章 勸導：指正的話，也能說得讓人悅耳

的宣洩，而要思考如何才能達到讓被批評者改正，同時讓其他人警惕的目的，這才算是一種成功的批評。

一次我因出差到某地旅店投宿，付了房錢後，有個正準備離開的旅客對我說，這家旅店的蚊子很多，叮起人來特別厲害。由於已經付了錢，所以換旅店也就不可能了。我很擔心晚上的時候能否安穩睡覺，想事先和服務生打個招呼，又覺得這樣做不是很好，因為服務生不一定能樂意接受。

我一邊向服務臺走去，一邊想著如何向服務生說這件事。當我走到服務臺的時候，突然有一隻蚊子正好飛來，我靈機一動，馬上對服務生說：「沒想到，你們這裡的蚊子這麼聰明，牠竟然會預先來看我的房間號碼，以便夜晚光臨，飽餐一頓。不過，我明天還要去見客戶，今晚不想和蚊子約會。」

服務生聽了這一番話後，馬上就哈哈大笑起來。他知道我的意思，因為來這裡住宿的很多人都提過這種要求，但是畢竟蚊子是不受人管理的，所以他們一直都是可管可不管的態度。而這次，因為我委婉而幽默的說辭，他立刻記住了我的房間號碼，並相應地採取了一系列的防蚊措施。

當然，這一晚我睡得很好。

如果我生硬地告訴服務生，房間裡的蚊子很多，那麼很可能得到的就是完全不同的對待。相反，我的話語風趣而委婉，讓服務生聽起來很舒服，當然也就樂意接受並盡心地服務了。

曾經有一個格言：「一滴蜜汁比一加侖的膽汁更能吸引蒼蠅。」這句格言就啟示我們，如果你想勸導一個人，就要學會硬話軟說。所謂「硬話」是居高臨下的斥責、聲色俱厲的禁止；而「軟話」則是從尊重人的角度出發，使人感到受到尊重，心情舒暢。

人和人的感情不僅需要培養，更需要維護。批評別人，也應該以維護感情的目的去做。沒人願意聽到不好聽的話，當你批評的重點在於激勵，而不是警告，能夠讓難聽的話變得好聽，能夠讓逆耳的忠言變得不那麼有稜角，相信再逆耳的忠言也會變得富有說服力，更容易被人接受。

千萬別直接對朋友說「你錯了」

有修養與沒修養的人最大的區別就在於，有修養的人在與他人相處的過程中，從不直接對他人說「你錯了」，而沒修養的人則恰恰相反，他們總喜歡指出他人的錯誤，以顯示自己的「聰明才智」。但這樣做的後果是，再好的意見也不會被人接受，甚至不會讓人產生任何的感激和好感。

如果你對此心存質疑，不妨聽聽發生在我自己身上的故事。

第八章　勸導：指正的話，也能說得讓人悅耳

高中時期，我是一個以自我為中心的人，常常仗著自己學業成績好，直接指責他人的錯誤。在討論數學解題方法的時候，跟我同桌的同學想法總是有些不一樣，這樣的爭辯自然容易發生口角。在辯論中，我總是直率地對同學說：「你這樣的解題方法完全不對，你必須要承認你錯了。」

這樣的話語總是令同學不高興，之後一連幾天，我們都會處於冷戰狀態。這不是個例，在和其他同學共事的時候，我也總是喜歡發表各種反對的意見，一會說對方這裡做得不對，一會說對方那裡應該怎麼做等等，劈里啪啦講一頓。其實我的本意是希望大家少犯一些沒有必要的錯誤，但漸漸地同學們都不太願意跟我討論功課，也不願意跟我分享自己的事情了。

後來班導了解情況，將我叫到一邊，嚴厲地把我訓了一頓，她說：「你這樣太不應該了。即使別人真的是錯的，你也不可以這麼直接地反對對方，畢竟解題思路並不只有一種，多汲取別人的方法才能開拓你的思考。你發現沒有，現在同學們已經不願意理會你的意見，也不會再和你討論問題了。因為那樣不但白費力氣，還會惹你不高興。這樣下去，你將再也不會有任何進步……」

在班導的教導下，我替自己訂了一項規則：不當面直接反對對方的意見，也不要武斷。我嚴格按照規則行事，當發現別人的錯誤時，我不會再像過去那樣反駁對方，而是婉轉回應：「在某種情形下，你是對的，但是現在可能有點不同。」很

快，我和同學討論的氣氛變得融洽起來，關係也親密了許多。

至今，我再也沒有直率地對任何一個朋友說「你錯了」，這讓我看起來富有修養。

金無足赤，人無完人，任何人都有缺點和不足。對於朋友所犯的錯誤，當你指責別人的錯誤時，你以為對方會同意你的觀點嗎？絕不！任何直率的批評都會使人厭煩——因為直接批評是無用的，它只會使人採取防守的姿態，並常常使對方竭力為自己辯護，甚至激怒對方，激起他們激烈的反抗。

在人際互動中，破壞力最強的莫過於這三個字：「你錯了。」

這一點其實很好理解，設身處地地想像一下。當你自己犯錯誤的時候，也許心裡已經承認了。如果別人的態度溫和一些，或顯得有技巧一些，你勢必會主動承認錯誤。但如果對方尖銳有力地指出你的錯誤，那情況就大不一樣了。你可能會為了維護自己的面子和尊嚴，用激烈的言語與對方爭辯。但用這樣的方式與人溝通，無疑會令一場談話無疾而終，而且會深深地傷害到彼此的感情。

我們很難向別人承認自己錯了，這是人性的弱點之一。正如羅賓森（James Harvey Robinson）教授在他的《下決心的過程》（*The Mind in the Making*）書中所說：「我們有時會在毫無抗拒或熱情淹沒的情形下改變自己的想法，但是如果有人說我

第八章　勸導：指正的話，也能說得讓人悅耳

們錯了，反而會使我們遷怒對方，更固執己見。我們會毫無根據地形成自己的想法，但如果有人不同意我們的想法時，反而會全心全意維護我們的想法……」當你對一個人說「你錯了」時，必然撞在他固執的牆上。

在如今的社會中，朋友越來越成為一種奢侈。能夠擁有一段好的友誼，是許多人夢寐以求的事情，我們有什麼理由不去珍惜。在與朋友的來往中，我們要時刻謹記著這樣的一個黃金原則——「永遠不要直率地對你的朋友說：『你錯了。』」否則，你就是自釀苦果，最終還得你自己嘗。

平時與朋友的談話時，我們經常會成為朋友徵求意見的對象，那麼，如何用適當的方式去表達自己不同的意見和建議，還要讓對方聽得舒服，產生認同感，願意進一步跟你溝通呢？這是一項技巧乃至藝術。如何掌握這項技巧，提升會話效果，增進彼此情感，需要我們不斷去學習和揣摩。

我的切身經驗是，永遠不要當面指出對方的不對之處，我們可以首先對對方的做法表示認同，認同在當時確實沒有更好的選擇，然後再一步一步去表達自己的不同意見，這樣一來，既不會刺激到對方的情緒，而且兩人的關係也會在無形中變得親近，讓自己在別人眼中成為一個有修養、受歡迎的人。

張研去朋友家小聚，心情十分興奮，小酌了幾杯助興，然後不小心把朋友心愛的盆栽給打碎了。盆栽是朋友多年的珍愛

之物，心痛之下，兩人吵了一架，不歡而散。之後張研鬱悶不已，跟我閒聊時就一吐為快：「我明明是不小心的，他為什麼還要生氣？那個盆栽比我們的感情還重要嗎？」

儘管在我看來，這件事張研占了一多半的責任，但沒有直言。當時的我十分認真地傾聽張研，對他的遭遇表示了理解：「哎呀，怎麼這麼倒楣」、「發生這樣的事情，你一定挺難過吧？」

聽到這些表示同情的話，張研的情緒有些緩解。

接下來，我開始用「如果是我」這樣的婉轉語氣來略加分析，「損毀了朋友的珍愛之物，對方肯定也很難過。如果這種事情發生在我身上，我想我會先對朋友的生氣表示理解，然後及時想出一個補救措施，比如看看能否修復，市場上有沒有同款，然後補償朋友。你說，這樣會不會好些？」張研若有所思，沒一會，終於釋懷地笑了。

在這裡，我迴避「你錯了」類似的詞語，而是用一種溫和的態度、委婉的方式讓張研意識到自己錯了，進而改變了自己的態度。

不論我們用什麼方式說「你錯了」，不論是一句話，還是說話的聲調，只要讓對方聽出「你錯了」的意思，他就絕不會有好臉色給你！所以，我們有必要運用一些技巧，使對方察覺不到「你錯了」這三個字。正如一位智者所說：「必須用若無實有

第八章 勸導：指正的話，也能說得讓人悅耳

的方式教導別人，提醒他不知道的事情好像是他忘記的。」

人與人之間的關係，都是透過不斷地交流加深的。當我們帶給他人舒適的聊天體驗，才可能有進一步的深入溝通。

把「你必須」換成「我建議」

一天半夜，我被一位朋友的電話叫醒，他說心裡難受，剛成立半年的公司宣布破產了，解散了團隊……對此，我感到非常詫異，因為據我了解，這位朋友每天奔前忙後，忙碌又疲憊，對這次創業可謂鞠躬盡瘁，而且當初招募人才時，我不僅向他提供了不少職位建議，還推薦了幾個可靠的人選。資金到位，人才到位，再加上辛勤的努力，按理說這樣的公司沒理由這麼快破產。對此，朋友的解釋是：「原因很多，比如員工積極度不高，業務上不去，資金鏈發生斷裂等。」

後來，我得知真相後明白了這些原因都停留在淺層和表象，問題癥結在於，朋友不會說話。為了在下屬面前樹立自己的尊嚴和威望，朋友批評別人時總會刻意用一種命令的口吻：「這件事情你錯了，你必須了解到問題所在」、「我們的業績有些低迷，你們必須有所改觀」……

「我說得有理有據，為什麼別人就是聽不進去呢？」

我提議道：「要我說，你不要再用命令的口吻。」

把「你必須」換成「我建議」

「我是老闆！」朋友質疑，「老闆不就應該命令手下嗎？何況，他們明明犯錯了。」

「當你發現自己的意見不被接受時，該考慮的不是別人哪裡不對，而是反思自己勸導別人的方式是否妥當，是否讓對方在舒心的情況下聽你說話。倘若你總是被人命令著做這做那，你是否也會滋生反抗心理？」

「這是必然的。」朋友不禁回答道，之後思索良久。

周圍有些人在溝通時，習慣用「指導性語言」去教導、指正別人該怎麼做。雖然，有時「善意的指導」確實對別人有益，但動不動就用「你必須」的語氣，凡事都以服從你為標準，這種形式上的勸導只會換來短暫的口服心不服，久而久之你的話自然不僅沒有說服力，對方可能連聽的興趣都沒有。

在生活中，沒有誰會喜歡被命令，這會讓人覺得自己不受尊重。每個人都喜歡展示自己，希望自己處在比別人更優越的位置上，甚至喜歡用自己的觀點去影響別人，這是人與生俱來的一種侵略性。但相應的，你有這樣的渴望，別人同樣有這樣的渴望，沒有誰會甘願居於別人底下，成為配角。

可是，只要我們能夠稍微改變一下說話的方式和口吻，那麼結果就會大不一樣了。我們可以把「你必須這樣做」替換為「我建議你這樣」或是「你覺得這樣如何」。就是這樣一點點的改變，就會完全消除對方的牴觸心理，讓他更願意聽你說話，

第八章　勸導：指正的話，也能說得讓人悅耳

並且更願意接受你的意見和建議。

我的妹妹安琳是一家幼兒園的老師，平時打交道的都是幾歲的孩子。在我們認為，孩子是最好哄的，可有時候孩子也是最讓人頭痛的，尤其是性格比較執拗的孩子，再加上父母的嬌慣，想讓他們聽話就更加不容易了。你要他們好好坐著，他們就偏要動來動去；你要他們安靜地睡覺，可一轉眼，他們就和旁邊的孩子說起話了……正因為如此，幼兒園的老師們時常被班裡的「小惡魔」搞得精疲力竭。可安琳就沒有這樣的煩惱，她班上的小朋友都非常聽話，從來就沒有特別搗亂的情況。即使出現了一些狀況，只要安琳一開口，他們也就乖乖地聽話了。

其實，安琳並沒有什麼神奇的魔力，只不過是改變了說話的方式和語氣罷了。

很多時候，小朋友做錯了事情，其他老師就會對他們說：「你不要這樣做！」、「你不許搗亂。」小朋友不好好睡覺的話，其他老師也會哄著他們，可說話卻有命令的語氣：「小朋友都已經睡覺了，你可不能搗亂了啊！」、「如果你不睡覺，我就生氣了！」如果想要小朋友好好表現，她們通常也會這樣說：「想要獲得獎勵，你就必須好好表現，這樣才能獲得小貼紙！」可安琳不一樣，她更喜歡這樣和小朋友們說話：「我建議你應該這樣做。」、「我們是不是該睡覺了，這樣一來，下午才有精神

喲！」、「我希望你能夠坐好，可不可以？」

一次，兩個小朋友因為玩具而爭吵起來，一個孩子甚至動手打了對方。發現情況的安琳立即走了過來，溫柔地說：「我們先停戰，好不好？來，誰先來說一說，到底是怎麼回事。」

被打的小孩說：「老師，他打我！」

另一個小孩則立即辯解說：「是他先搶我玩具的！」

安琳笑著說：「這不是什麼大衝突，沒有必要打架，對不對？」孩子們都點了點頭。

安琳繼續說：「我覺得這個事情你們兩人都有不對的地方，一個不應該搶別人的玩具，一個不應該動手打人。既然如此，我們應該怎麼辦？是不是應該向對方道歉呢？」

聽老師這樣說，孩子們也知道了自己的錯誤，便互相道了歉，並且和好如初了。

就這樣，孩子的衝突就輕鬆地解決了。

上個月，安琳被所在幼兒園評為「優秀教師」，她由衷地感嘆道：「命令非常容易讓孩子產生反抗心理，你越命令他做什麼，他就越不做什麼。即使他乖乖地聽你的話，但是內心也對你和命令產生了反感，所有的聽話行為都是出於對我們的害怕，並不是真的心悅誠服。所以，我們應該少命令孩子，多一些商量和建議。」

事情真的是如此，不僅僅是孩子，所有人都是如此，沒有

第八章　勸導：指正的話，也能說得讓人悅耳

人願意聽別人的命令。所以，我們想要更好地與別人交談，就應該避免用命令的口吻，生硬地命令別人應該做什麼、不應該做什麼。我們應該多使用溫和的口吻，多說一些建議的話，這樣別人才更願意接受我們所說的話，並且從內心喜歡和相信我們。

「三明治原則」，讓勸導更易接受

無論是在人際中，還是職場上，如何在不傷害對方感情的前提下，巧妙地對對方進行勸導，都是一個值得好好探討的話題。

在這裡，我向大家介紹一個心理學上的「三明治法則」：

所謂「三明治法則」，是指我們對一個人進行勸導的時候，要把「批評」的內容夾在「表揚」和「期待」中間，從而使受對方可以更好地接受。

下面我們透過一個例子來講解一下「三明治法則」是如何運用的。我的一個朋友費恩，向我分享了一個他親身經歷的案例。

費恩是一家貿易公司的部門主管，手底下管著五十多名員工。前段時間，他發現自己的下屬小A的工作狀態不是很好，

「三明治原則」，讓勸導更易接受

工作中出現了怠工、拖拖拉拉的現象，有時還會因此拖延整個部門的工作進度。於是，費恩決定找小A談一談，想督促一下他應該認真負責地對待自己的工作。

一天早上，費恩把小A叫到了辦公室，但他沒有直接指責他，而是詢問小A最近身體是否不舒服或者是否家裡遇到了什麼事情。

小A回答：「一切安好。」

既然沒有外因影響，那麼肯定就是內因了。接下來，費恩決定根據「三明治法則」勸導小A，他先稱讚小A做得很好的某件事：「小A，你的這次報告我看了，寫得很不錯，不僅結構嚴謹，而且一針見血，你的建議對我們的促銷活動有很大的幫助。其實，從你第一天上班起，我就覺得你的個人能力很強。」

小A聽到這一番讚美話後，有點不好意思了。

「但是，」費恩繼續說道，「最近我卻發現你有些地方表現得不太好，例如，最近的一份報告你沒有按照規定時間完成，還有前幾天的一份資料你也繳交得不及時。說實話，你的這些表現讓我有些擔心。」

小A的臉有些微微紅，站在原地撓著頭。

費恩沉默了一會，繼續說道：「作為你的主管，我覺得有必要對你指出這一點。因為如果你的這種狀態繼續持續下去的話，肯定會對你在公司的晉升或者是下一步發展都很不利。我

第八章　勸導：指正的話，也能說得讓人悅耳

對你其實一直抱著很大的期望，也希望你以後在工作上能夠更加認真一點，早日找回神勇的狀態。」

這次談話之後沒過多久，小A向費恩傳了一則長長的簡訊，大略意思就是感謝費恩對他提出的建議，指出他的問題所在，並且表示他會認真改進。

很快，小A就改掉了做事拖拉的狀態，精神面貌煥然一新。

在這個例子裡，如果費恩直接批評小A，小A內心肯定會不愉快。慶幸的是費恩並沒有這樣做，而是先讚美了小A一番，並且還特別強調對他的認可，這時小A的內心多半會覺得愧疚。接下來費恩所說的話，小A自然就願意聽了，也就更願意為了這樣的讚美而改變和完善自己。

被責備這件事是每個人都不想遭遇到的，既會讓自己感覺難堪，也會讓自己因為被否定而鬱悶不已。有些時候即使知道指責是正確的，在被指責者心中也會留下傷痕，而且很難根除。因此，當我們需要責備他人時，必須要講究方法，責備不一定非要吹鬍子瞪眼大吼大叫，它可以是娓娓道來的。

有的人之所以能將責備的話說得好聽，就是因為他們採用了「三明治法則」，比如「小劉，你的報告寫得不錯，你肯定下了不少工夫。但是有一個重要的問題你要注意……」、「小斌，自從你進了公司之後，你的表現很不錯，就是有一點，我覺得

你可以做得更好,我也相信你一定願意改正……」

為什麼採用「三明治法則」批判別人的時候,對方更加容易接受、效果會更好呢?在我認為,這主要是由兩個方面的原因造成的:

「三明治法則」通常是從口頭上的表揚和讚美開始的,這樣可以營造友好的溝通氛圍,讓對方平靜下來、安心下來,卸下內心的防禦意識,從而為後面的溝通打好基礎。如果一開始就是直接批判,那麼,對方就會產生一種防禦心態,自然就很難再聽進意見了,哪怕批判得很對,也是徒勞。

「三明治法則」從讚揚開始,再進行批判,再以期望結束,可以讓受指責的那個人感覺到,你是真正地在為他著想。將心比心,當別人為了向你提一個建議,先要花費很多心思去稱讚你,最後還要花費很多心思去對你提出希望和期待,你一定會感覺對你提建議的這個人很貼心,很有誠意吧。

總之,這種方式就好像外科醫生手術前用麻醉藥一樣,病人雖然有不舒服的感覺,但麻醉藥卻能消除痛苦。既解決了問題,也沒傷害到對方的感情,這真是一個奇妙的方法。同時,也展現出良好的說話修養。

有一段時間,我拜讀了美國交際語言大師戴爾・卡內基的幾本著作,其中有一句話印象十分深刻:「如果經過一、兩分鐘的思考,說一句或兩句體諒的話,對他人的態度做寬大的了

第八章　勸導：指正的話，也能說得讓人悅耳

解，都可以減少對別人的傷害，保住他人的面子。」

因此，當你下一次忍不住要指責一個人或者是要向對方提建議的時候，為了讓你的批判效果更好，不妨嘗試用一下「三明治法則」吧！

直話彎說，人心直，策略要巧

最近，我發現同事賀佳的情緒不佳，一問，她一臉無奈地說道：「現在的孩子脾氣越來越差，你越責備，她越跟你唱反調，這是怎麼啦？」

「昨天放學回家，女兒跟我說想看卡通，」賀佳開始抱怨連連，「我想到她下個月要鋼琴考試，指責她說『你怎麼這麼不懂事，鋼琴馬上要考試了，你卻還想著看電視？』誰知，她居然自己開了電視。」

「孩子有時難免貪玩。」我勸慰道。

「我一看就來氣了，」賀佳繼續說道，「我直接把電視關了，開始數落她過於貪玩，沒有上進心等。」

「你這樣說孩子聽了肯定傷心壞了吧？」我有些擔心地追問。

「她還傷心？我完全是為了她好，她卻一點也不領情。跟我哭鬧了一陣，最後鋼琴是彈了，但是彈得心不在焉，亂七八

糟,」賀佳越說越氣憤,「從昨晚到今天早上,她一直沒有和我說話,對我很有意見。」

賀佳責備孩子的方式是否有問題呢?乍看這種責備方式很正常,但細看其實存在很大的問題。這裡評判正確與否的標準,就是我們一直倡導的理念──指責不是目的,只是一種方法,指責在於指出別人的缺點或錯誤,並期待對方改正。賀佳採取直言直語的指責形式和「牛不喝水強按頭」的做法,這無形中已將自己和孩子放在了對立面,只會激發孩子的叛逆情緒,適得其反。說話不加任何修飾,往往只會直言直語地批評,這絕對是一種無知的表現。往往有些善意的批評,如果我們能不露痕跡地說出來,讓別人心悅誠服的同時,還能立即改正自己的不足,其效果將會遠遠好於直言直語。那麼,這些說話高手的高明之處在哪裡呢?答案很簡單,即直話彎說。

所謂直話彎說,就是責備的話不會直接說,而是用含蓄、委婉的方式表達出來。

A是我非常喜歡的一位優秀作家,也是一位說話高手。在美國訪問時,A租住在一家飯店裡,一天一個美國朋友帶兒子前來做客。兩人許久未見,相談甚歡。談話間,那個精力旺盛的小孩,爬到A的床上,蹦蹦跳跳還連翻帶滾,把床上弄得一團亂,然而家長並沒有意識到這一點。

A想讓孩子下到地上來,但是他考慮到,如果直截了當地

第八章　勸導：指正的話，也能說得讓人悅耳

請他下來，勢必會使朋友感到難堪，說不定一怒之下還會重重責罰小孩，如此勢必影響彼此的感情。

怎麼辦呢？A想了一會，委婉地對朋友說：「好朋友，請您的孩子到地球上來吧。」

那位美國朋友這才注意到如此淘氣的孩子，不過他也沒有對孩子進行嚴厲的指責，而是同樣不失幽默地回答道：「好，我和孩子商量商量！」

很快，在父親的勸說下，孩子跳下了床，安靜地坐在了椅子上。

對於朋友小孩的調皮行為，A難以啟齒責怪，於是他用「回到地球上來」替代「下到地上來」，這樣一來，話語委婉風趣，不「傷人」，立刻博得了朋友的認同，順利地解決了棘手的難題。

這就是直話彎說的功效，直的是人心，彎的是策略。當不得不指責他人時，一個心理成熟、富有修養的人定會顧及被指責者的自尊，充分考慮到對方的認知和接受能力，將責備的話「繞個彎」再說，他們從來不會讓人當眾下不了臺，如此別人必然會打心底裡感激，既使人易於接受，又能達到目的。

正是因為明白這一點，我批判他人時總會細細思量一番，並因此受益匪淺。

剛畢業的一段時間，我在一家剛創業不久的投資公司謀

事。公司的起步期通常比較艱難,薪資待遇偏低不說,而且經常免費加班,大家苦不堪言。但老闆不想改善職員的待遇,因為他認為員工們的工作態度有問題,對公司不夠忠心,比如有人經常私底下抱怨連連,還有人在外面兼職。當有人拿其他同性質的公司做對比時,老闆多半會這樣說:「那些公司的員工都是專業出身,能力很強!」

確實如這位老闆所說的,我們大多數人都不是專業出身。可是如今這個社會,又有幾個是專業出身的呢?只要能很好地完成工作,是不是專業出身,根本就不是特別重要。老闆以下屬不是專業出身為由,這明顯是一個不想改善職員待遇的藉口,但大多數人都只是敢怒不敢言,也有少數人跳槽走了。

那段時間,出於興趣和需求,我想好好學習一下投資知識,並想要好好找老闆提一提職員待遇問題,但很明顯這是一個相當冒險的舉動,稍不注意,就容易導致老闆的冷眼對待或指責。

認真思索了幾天後,我找了老闆,非常誠懇地說:「我發現,最近公司很多員工都不能按時來公司上班。」

老闆問:「為什麼?」

我說:「大家覺得坐計程車太貴。」

「坐公車啊!我也經常坐公車來公司的。」老闆質問道。

「您就住在公司附近,隨便搭一輛公車就能過來,可大多數員工由於住的地方跟公司有一段距離,車上人太多,根本擠

第八章　勸導：指正的話，也能說得讓人悅耳

不上去，即使擠上去了，在人擠人的公車上也會被搞得筋疲力盡，等他們到了公司後，已經沒有精力工作了。還有他們每月所支出的交通費，也不勝負擔。」我嘆了口氣，一副毫無辦法的樣子。

老闆接著說：「大家以步當車不就可以了嗎？這樣不僅不需要錢，而且還能健身，不是一個很好的辦法嗎？」

我搖了搖頭：「不行！鞋襪走破了，他們買不起新的。我倒有一個不錯的方法，就是號召大家光著腳來上班。誰叫他們沒有本事，只能當苦命的職員！他們坐不起計程車、公車，也不能鞋襪整齊地到公司上班，都是活該！」

聽到這話，老闆都有點不好意思了，主動提出要改善一下職員的待遇。

在這裡，我並沒有用生硬的責備語氣，更沒有將矛頭指向老闆，而是如朋友一般向老闆傾訴大家的苦衷，並且以開玩笑的形式來表達自己的正面意思：公司員工經濟處境太艱苦。當老闆聽到我的這些抱怨，自然會想員工如此艱苦的原因是什麼造成的，也就明白員工的待遇需要被改善。

指責的話「繞個彎」再說，看似與我們常見的「直線」方式截然相反，事實上卻遠比直話直說更能抵達對方心中，方便對方「笑納」，不是嗎？

有技巧的暗示，比直接批評更有效

在文章開始之前，我決定先和大家分享兩則經典的故事：

一天，一位作曲家拿著一份曲譜前來拜訪義大利作曲家羅西尼（Gioacchino Rossini），懇請羅西尼聽聽自己的演奏並給予意見。

在作曲家演奏過程中，羅西尼一直認真地傾聽，且不時地脫帽致敬。作曲家演奏完畢，問羅西尼：「您覺得怎麼樣？」

「太好了。」羅西尼回答。

「真的嗎？」作曲家興奮地追問道，「您脫帽就是對我的極大認可吧？」「不，不是因為你，」羅西尼回答說，「我有見到熟人就脫帽的習慣，在閣下的曲子裡，我碰到了那麼多的熟人，不得不連連脫帽。」

一天，古希臘思想家蘇格拉底和弟子們聚在一起聊天。一位家境相當富裕的學生，趾高氣揚地向所有的同學炫耀：他家在雅典附近擁有一望無邊的肥沃土地。

當他口若懸河大肆吹噓的時候，一直在其身旁不動聲色的蘇格拉底拿出了一張世界地圖，然後說：「麻煩這位同學指給我看看，亞細亞（亞洲）在哪裡？」

「這一大片全是。」學生指著地圖揚揚得意地回答。

「很好！那麼，希臘在哪裡？」蘇格拉底又問。

第八章　勸導：指正的話，也能說得讓人悅耳

學生好不容易在地圖上將希臘找出來，但和亞細亞相比，的確是太小了。「雅典又在哪裡呢？」蘇格拉底又問。

「雅典，這就更小了，好像是在這裡。」學生撓撓頭，指著地圖上的一個小點說。

最後，蘇格拉底盯著他說：「現在，請你再指給我看看，你家那塊一望無邊的肥沃土地在哪裡？」

這位學生汗都下來了，他心裡自然清楚，他家那塊一望無邊的肥沃土地在地圖上連個影子也找不到。這時他已然明白，老師蘇格拉底這一番詢問其實是在指責他，他無比愧疚地說：「對不起，我找不到，我知道自己錯在哪裡了。」

讀完這兩則故事，你能感悟到什麼呢？

羅西尼連一句批評的話都沒有說，卻透過「在閣下的曲子裡，我碰到了那麼多的熟人」，巧妙地暗示作曲家的曲譜是東拼西湊的抄襲品；蘇格拉底連一句責怪的話都沒有說，而這位學生卻透過他的一番提問和暗示，發自內心地愧疚和反思。

這種不著痕跡的暗示，在我看來，算是非常高明的批判方式了，不僅比直接的指責更有力，而且因為能夠激發當事人的反思，所以有著格外好的批判效果。

我們也有必要學會不正面提出批評，而把批判的意思暗示在談話之中，讓被批判者自己去理解、接受。

在生活中，我曾見過暗示批評的奇效：

> 有技巧的暗示，比直接批評更有效

剛入小學時，我的姪子小勇學習態度很不好，成績也很差，經常應付作業，甚至找別的同學幫忙寫作業，為此經常被指責和聯絡家長，這讓表哥十分頭痛。但是到了二年級之後，小勇的學習情況突然有了天翻地覆的變化，成績也飛速進步。後來經過了解，是因為小勇遇到了一位「神奇」的班導。那麼，這位班導是怎麼做的呢？

剛開學的一天，小勇就因為要同學幫自己寫作業遭到拒絕而動手打人被班導叫到了辦公室，據說他在現場還振振有詞地說：「我沒錯，寫這些作業有什麼用？全是浪費時間。寫得再好，也不一定能考好。」

小勇本以為會被罵個狗血噴頭，但班導見小勇一副「死豬不怕開水燙」的樣子，不僅沒有罵他，還招呼道：「小勇，你來幫我查兩個字，老師正在忙，顧不上。」

「老師什麼意思？管他呢，先查字。」小勇疑惑著拿過字典，很快就把那兩個字查好並寫了下來，班導很滿意，還誇他字寫得工整。

過了一會，班導說：「來，你把剛才那兩個字默寫一下。」不出所料，小勇寫得又快又對。

「你看，『眼過千遍不如手過一遍』，老師們之所以設定作業，就是為了讓你們在寫的過程中把知識記得更牢，你說是嗎？」班導笑著說道。

小勇低下了頭，很快又抬了起來：「老師，我知道錯了。」

第八章　勸導：指正的話，也能說得讓人悅耳

　　從那之後，小勇的學習態度有了很大的改變，他覺得，這個新班導雖然沒有像之前的老師那樣嚴厲指責自己，但是他說的每一句話都是那麼有道理。瞧，用這種暗示對方自我反思的方式去批判，猶如「春雨」般潤物細無聲，既不會引起被批判者的反抗心理，又拉近了雙方心靈的距離，堪稱批判的最高境界。

巧妙反話，老虎屁股也能摸

　　在職場上，有些領導者經常號召大家給予指教：「有做得不好的地方，希望大家指正」、「你有什麼意見，儘管說出來。」可大多數情況下，當你真的把自己的想法說出來之後，卻發現老闆的臉色變得很難看，隨後而至的或發飆，或為難，都會讓當事人覺得委屈鬱悶：「不是你叫我說嘛，怎麼會這樣？」

　　以下是發生在一個朋友身上的真事：

　　朋友M先生是一家創業公司的老闆，公司雖然不大，但前景很好，而且當時已經融資成功。為了更好地發展公司，最近M先生召開了一場全體員工會議，提議推展檢討與自我批評。M先生帶頭，在現場進行了自我批評，然後強令下屬們當場檢討自己。於是，令人傷心的事情發生了。

一位年輕的下屬站出來了，非常認真地向 M 先生提了幾個意見，諸如「身為領導者，您的專業能力有待提高」、「您考慮得不周全，公司的各項制度不完善」……當眾被員工如此批判，M 先生心裡有點不爽，但不好現場發作，只能趕鴨子上架，口頭表揚了這位員工並號召大家向他學習。結果，其他的員工都開始暢所欲言，「我們的薪資待遇不算高」、「績效衡量標準有些不合理」……幾乎把會議變成了一場批判大會，搞得 M 先生灰頭土臉，最終不歡而散。

事後，M 先生私下找我抱怨：「這些員工平時看著都挺好的，原來對我的意見這麼多，說不定他們私底下經常如此抱怨呢，真是知人知面不知心。現在，我對他們熱情不起來。」

此事過後，這些員工也覺得很委屈，有人甚至計劃辭職。

這些員工有錯嗎？自然沒錯，可事情卻為什麼鬧到這個地步？就在於批評方式錯了。這些員工不懂「直言有諱」的道理。所謂直言，自然就是說真話，有意見就提意見。所謂有諱，就是講究方式方法，不能傻乎乎地直接批評。

誰都不喜歡被人批評，領導者更是如此，即使他們口裡說「歡迎批評」，但心裡也不願意聽到批評的聲音，即使你說得再合理，只要傷害到他們的面子和自尊，他們也難免會對你產生不好的印象，如此你升遷加薪的道路將變得非常艱難。所以，在我認為，在人際批評的各種類型中，批評領導者是最難的。

第八章　勸導：指正的話，也能說得讓人悅耳

那麼當領導者有做得不好或不對的地方，難道我們無計可施嗎？也並非如此，這裡教給你一個有效的勸導術──反語。反語，簡言之就是故意說反話，或正話反說，或反話正說，如字面上肯定，而意義上否定；或字面上否定，而意義上肯定，達成一種耐人尋味的意境，使人自我反省並了解自身錯誤。

一則廣告上列舉了吸菸的四大「好處」：一省布料：因為吸菸易患肺癆，導致駝背，身體萎縮，所以做衣服就不用那麼多布料；二可防賊：抽菸的人常患氣管炎，通宵咳嗽不止，賊以為主人未睡，便不敢行竊；三可防蚊：濃烈的煙霧燻得蚊子受不了，只得遠遠地避開；四永保青春：不等年老便可去世。

這是一則宣傳戒菸的公益廣告，上面完全沒提到吸菸害處，相反地卻正話反說，列舉了吸菸的四大「好處」，但一看意思我們就能明白這並非真正的「好處」，而是變著法地指出了吸菸的種種危害。

在工作中，領導者不一定永遠都是對的。面對領導者工作中的不足，一個稱職的員工應該及時地指出。這時光有勇氣是不夠的，還要有一定的話術。如果你能採用正話反說的方法，一針見血地提出批評的話，那麼你就會發現「老虎屁股也摸得」，進而使自己處在進可攻、退可守的位置。

這種話術，古人很久以前就已經運用了。

秦朝的優旃是一個口才極好的人，善於在談笑之間勸說國君。有一次，秦始皇為了圍獵享樂，下令要大肆擴建御園，多養珍禽異獸。這是一件勞民傷財的事，大臣們紛紛上書勸秦始皇別這樣做。然而秦始皇對群臣的勸說十分反感，並下令說：「誰再敢對這件事進諫，格殺勿論！」

由於秦始皇的淫威，群臣們都不敢再進諫，這時能言善辯的優旃挺身而出，他對秦始皇說：「好，這個主意很好，規模還要更大些才好。」

秦始皇聽到優旃不勸諫，反而支持自己的主張，不覺喜上心頭，大呼：「好！好！」並詢問優旃如此支持自己的緣由。

「依我看來，」優旃清了清嗓子，慢吞吞地回道，「多養一些珍禽異獸，敵人就不敢來進犯了。即使敵人來了，我們下令麋鹿用角把他們頂回去就足夠了。」

秦始皇聽了不禁大笑，並破例收回了成命。

優旃採用的辦法就是正話反說，他表面上贊同秦始皇的主意，而實際意思則是說如果按秦始皇的主意辦事，國力就會空虛，敵人就會趁機進攻，而那些珍禽異獸是不可能禦敵的。這樣的正話反說既可以保全自己，又促使秦始皇不得不醒悟，擴建御園是昏庸舉動，從而改變自己的決定。

在主管面前，什麼最能顯示出你說話的素養和修養？就是向主管提意見這件事。正則反之，反則正之，正正反反，相映

第八章　勸導：指正的話，也能說得讓人悅耳

成趣，當你的批評說得很好聽，既不傷害主管的面子和自尊，又能一針見血地指出問題所在，那主管多數會對你說「好！」，當主管對你說「好」，那麼你的勸導就成功了。

專注於事情，不攻擊個人

某個週末，我們一家人去遊樂場遊玩，期間路過一家冰淇淋店。一個七、八歲的小女孩吵鬧著要吃冰淇淋，可能是擔心孩子吃壞了肚子，那位媽媽非常嚴厲地訓斥起來：「你怎麼總想著吃零食？剛剛吃過果凍，怎麼又要吃冰淇淋！整天就知道吃零食，嘴巴一刻也閒不住，吃得又胖又笨，沒人會喜歡你！」

聽著聽著孩子就大哭起來，歇斯底里的。

看到這裡，我真的很想抱一抱那個小女孩，因為這樣的批評實在太傷人了。這位媽媽不僅僅批評孩子吃冰淇淋的這個行為，同時還上升到對孩子本身的批判，批評孩子「整天就知道吃零食」、「又胖又笨」、「沒人喜歡」，替孩子貼上了標籤，顯然這已從「對事」上升到「對人」，是批評的大忌。

「對事不對人」，是我們很常聽到的一句話。「事」指具體的行為、事件，「人」指事件所涉及的當事人及其人格、人品等因素。「對事不對人」是指在批評別人時，只能批評對方在特定

專注於事情，不攻擊個人

的行為、事件上沒有做好，而不能涉及對方的人格、人品等問題，否則容易讓對方反感而不利於問題的解決。

朋友王浩結婚五年了，但家裡總是進行冷戰，夫妻關係越來越冷淡。

王浩忙於工作，一時將妻子的生日忘了，再三解釋妻子都不聽，還說：「你根本就不是忘了，你就是不愛我，愛我你就不會忘。」於是，冷戰開始了。妻子幾天都在加班，回家後沒有整理房間，王浩看到這個情形，說：「你整天都在做什麼？你心裡就沒有這個家？哪個做媳婦的看到家這麼亂不知道收拾？」於是，冷戰開始了。

婆婆來家住幾天，妻子將飯做得鹹了點，王浩說：「你不知道老人晚上不能吃太鹹嗎？如果是你媽你一定不這樣，你就是心裡沒我媽，沒有這個家。」妻子委屈，婆婆生氣，冷戰開始了……

王浩也納悶：為什麼我們總是冷戰？

這些都是雞毛蒜皮的家庭瑣事，之所以會引起不愉快的「冷戰」，缺少的就是一種就事論事的勸導原則。東扯葫蘆西扯瓢、陳穀子爛芝麻拚命翻，只會對別人造成一種「針對人」的錯誤認知，不但達不到批評的目的，不能解決當前的事情，還會讓彼此情緒失控，矛盾升級，關係惡化。

「你是不是腦子有問題，這麼簡單的問題怎麼就解決不了呢？」、「你看你怎麼就不長記性？」

第八章　勸導：指正的話，也能說得讓人悅耳

「這麼簡單的事你都可以出錯，你怎麼不用心？」、「為什麼總是遲到，你怎麼這麼懶啊？」

……

這類的話在我們生活中隨處可聽到，受到這樣的批評時你心情如何呢？不用說，對於一個已經犯錯的人來說，聽到這些話時會很傷心的。

我很喜歡一句話——「雖然我不同意你說的每一句話，但我誓死捍衛你說話的權利。」這句話出自法國學者伏爾泰（Voltaire）之口，什麼意思呢？我的理解是，哪一件事有錯就指出是哪一件，哪個環節有問題就說哪一個環節，哪怕你對別人的觀點和做法持否定態度，你也不能以偏概全地否定一個人。

多年前，我在列印公司宣傳冊時不小心錯了一個資料，結果導致一批宣傳頁需要重印，不僅延誤了工期，還導致公司損失不少。老闆把我叫到辦公室，非常嚴肅地責備了我一頓：「你怎麼這麼不小心？」、「做任何事情必須要細心，絲毫不能馬虎，畢竟一個細節很可能導致全盤皆輸」、「如果你當時多檢查一遍，我們現在就不會這麼麻煩」、「如果下次再出現這樣的問題，你主動辭職」……

在這裡，老闆一句話都沒有否定我這個人，也沒有進行人身攻擊，而是就事論事，分析導致錯誤的原因，所以雖然我受了責備，但也被罵得心甘情願。第二天一上班，我就與老闆在

電梯口相遇了。當我趕到電梯口時，老闆已經進了電梯，我本來想躲著老闆點，打算走樓梯，但老闆發現我時親切地打了招呼，還笑著為我按了電梯開門的按鈕。

進電梯後，我壯了壯膽子，問：「老闆，因為我的不小心導致公司損失了這麼多，您昨天還那麼生氣，今天怎麼對我又這麼親和？」

老闆笑笑說：「你造成的損失是因為工作失誤，但昨天我們已經分析了錯誤原因，以後避免出現就可以了。再說了，你的工作能力我還是認可的，為什麼要給你臉色看？」

每個人都會犯錯，犯錯後心裡本就會有很大負擔，這時候就需要我們就事論事，不能因一件事而否定一個人。這位老闆是真正的大將風度，他沒有因為我工作上出現失誤，便認定我什麼事也做不好，以後也不會重用，而是針對當前所發生的問題，做到了就事論事，這樣的批評讓別人接受自己所犯的錯誤、心甘情願地接受處罰，而且無怨無悔，並且對你感激不盡，這才是說話的高手！

據我觀察，人們常會對那些「對事不對人」的人投以讚許的目光，而將鄙視留給那些「對人不對事的人」。接下來如何做，相信大家心中有數。

第八章　勸導：指正的話，也能說得讓人悅耳

第九章 說服：
如何讓「No」變成「Yes」

一個人只有說服老闆、客戶、同事，說服所有想要說服的人，才能達成目標和心願。而一個真正的說服高手，並非舌燦蓮花，他們所做的不過是靠準確掌握對方心理，並施以適當的技巧，在心理遊戲中，讓對方不知不覺從「No」到「Yes」，進而掌控全局。

第九章　說服：如何讓「No」變成「Yes」

跳脫局限，才能看清全局

這個世界上最難的有兩件事，你知道是什麼嗎？

在我看來，一是把別人的錢裝進自己的口袋裡，二是把自己的思想裝進別人的腦袋裡。

只有人的觀念改變了，思想才會改變，行為也才會改變。會說話，就是要有改造別人的決心。你若能改變別人的想法，也就能賺到對方的錢。

問題是，每個人都有自己的邏輯，是人們透過概念、判斷、推理、論證來理解和區分客觀世界的思考範疇。可以說，每個人都有自己的思考邏輯，並且都在用自己的邏輯來處理各種問題：安排自己的吃穿住行，處理自己的人際關係，安排自己的學習和工作，並且利用自己的邏輯與社會接軌。

談話也是一樣，每個人都有自己的邏輯，並且試圖讓別人代入自己的邏輯，也就是要對方認同我們自己的邏輯，從而實現說服對方的目的。一旦我們無法跳出對方的邏輯，處於被動的地位，那麼就只能按照對方的節奏走了，就輕而易舉地被別人說服了。

同時，假設在一個人的邏輯中，他認為這件事是錯誤的，那麼我們就很難說服他改變主意。因為，他有著自己的判斷依據。在很多時候，如果順著他人的邏輯往下走的話，我們的說

服根本就發揮不了什麼作用，還有可能引發對方的強烈反感和抵制。因為是在他的世界，他的想法就是「真理」！

那麼怎麼辦呢？透過多年的經驗歸納，我得出唯一的辦法是，在說服別人的過程中，我們要學會運用一種心理戰，跳出對方的邏輯，站在對方的邏輯之外，從圈外攻入，把自己的思想裝進別人的腦袋裡，讓對方跟著自己的想法走。這樣一來，我們才能掌控談話局勢，從而達到說服的目的。

這樣說可能有些難理解，在這裡，我跟大家講一個故事：

我的大學同學林奕平時很受人注意，不管走到哪裡都引起別人的注意。這並不是因為他的成績好，也不是因為他長得帥，或者家境好，而是因為他的臉上有一塊胎記，這塊胎記幾乎蓋住了整個左眼的眼角，看起來非常醒目。就因為這個胎記，大家都用奇怪的眼光看他，而且很少有人願意和他做朋友。

不過，林奕固執地喜歡上了一位「系花」，她長得貌美如花、氣質清新淡雅，而且成績優秀，家境也不錯，簡直完美極了。但和所有青春期的少女一樣，「系花」一直幻想著能找到一位迷人的白馬王子，甚至在她的觀念裡，也只有一位相貌英俊、家產豐厚的帥哥才能與自己相配。因此，在剛開始的時候，她始終沒有正眼看過林奕，甚至還認為他是癩蛤蟆想吃天鵝肉，我們許多同學也都勸林奕早些死心。但事實卻是，林奕成功地說服了「系花」，最終與之喜結連理。

第九章　說服：如何讓「No」變成「Yes」

　　所有人都感到非常疑惑：林奕究竟是怎麼追到「系花」的？在眾人好奇又不解的目光中，林奕真誠地說起了自己的故事：

　　林奕對「系花」一見鍾情，便開始有意無意地接近她。按照一般人的想法，肯定會質疑地說：「人家條件這麼好，連那麼多優秀的人都看不上，又怎麼會看上你這個臉上有胎記的人呢？」可林奕並不這麼想，而是大膽地向女生表白了，他自信地說：「我的女神，我喜歡你，我們在一起吧。」

　　「系花」想也沒有想，乾脆俐落地拒絕了：「我覺得我們不合適！」可林奕並沒有氣餒，而是真誠地問：「你相信緣分嗎？」

　　青春期的女孩哪有不相信緣分的，「系花」的回答當然是相信。林奕望著「系花」，認真地說道：「我也相信！而且，我已經知道我未來的新娘是誰了。我聽老人們說過，每個男孩子在出生之前，上帝都會告訴他，將來要娶的是誰。所以在我出生的時候，上帝已經為我許配好了未來的新娘。可是，上帝卻還告訴了我一件事，我的新娘臉上有一塊胎記，於是我向上帝懇求，希望他把我的新娘的胎記賜給我，讓我的新娘可以漂漂亮亮。上帝同意了我的要求，所以我變成了如今的樣子。」

　　見「系花」露出了驚訝的表情，林奕並沒有停下來，而是繼續說：「我知道你在意我臉上的胎記，認為這是一大缺陷。但是上天給了我這樣一塊胎記，卻也讓我有幸能夠遇見你，遇

見漂漂亮亮的你,那麼我就無怨無悔,還要感謝上帝。而且,這就是我們愛情的印記,你不覺得這很美好嗎?」

望著林奕真誠的眼睛,「系花」紅著臉笑了。

這當然是一個美麗的愛情故事,可是在這裡,我並不是想要品評愛情的美麗,而是想和大家探討一下,林奕是怎樣說服這位「系花」的?簡單,他很聰明地跳出了「系花」的邏輯。

在這位「系花」的邏輯裡,自己的白馬王子應該是一個相貌與家世都能與自己相配的人。如果順著她的邏輯,那麼林奕就只能從相貌、家世上對其進行說服。可想而知,就算他口才再好,說得如何天花亂墜,也不可能把自己的胎記說沒了,把貧窮說成富貴。在這種情形下,他改變了策略,跳出了「系花」的邏輯,從緣分說起,「你相信緣分嗎?」,一下子就抓住了「系花」的好奇心。

所有人都覺得林奕的胎記不好看,都用奇怪的眼光看他,當時「系花」肯定也擁有一樣的邏輯,所以她說「我們不合適」,但林奕的邏輯卻是「我有胎記我驕傲,這是美麗的愛情見證」、「這是我的幸運,讓我遇到了你」,他巧妙地用自己的想法來引導「系花」,所以贏得了「系花」的青睞和喜歡。

還記得,我們曾學過的一首詩嗎?「不識廬山真面目,只緣身在此山中。」為什麼會這樣呢?如果「廬山」是一個人的邏輯,那麼我們身在這個邏輯之中,自然無法看出事情的真正面

第九章 說服：如何讓「No」變成「Yes」

貌。而跳出對方的邏輯，就好比「山外著眼」，我們將以一種客觀的角度洞悉對方當前的態度和想法，我們的想法才不被對方所左右，才能快速找到突破口，以一個全新的角度勸服對方。

只要能跳出對方的邏輯，你就能說服任何人，而不是被別人說服。

先關心對方的需求，才能說服成功

談到說服，很多人認為說服就是「讓對方按自己的意圖辦事」，這只是片面的理解。我見過不少這樣的人，想方設法地說服別人，結果累得半死不說，還容易招致他人反感。

如何說服別人呢？這裡有很多的技巧，我最想說的就是關心別人的目的。舉個例子：一位業務員喋喋不休地向一位顧客推薦一件商品的優點，推銷員說得頭頭是道，口乾舌燥，但顧客遲遲不做表態，甚至一點興趣也沒有。到了最後，業務員無奈地問顧客：「請問你需要什麼？」顧客回答得很乾脆：「錢。」毫無疑問，這是一個典型的失敗案例，無法達到期望效果。

一個人的說服力好不好，不僅由口才所決定，還要看我們是否關心別人的目的。

先關心對方的需求，才能說服成功

下面我來說一段自身經歷，也許大家就會有一定的了解。

去年夏天，我到購物中心準備幫父母購買一款新冷氣。期間，兩個售貨員都和我做了交流，結果卻大相逕庭。

第一個售貨員一見我詢問，便開始迫不及待地介紹起了自家的冷氣，「我們的冷氣賣得特別好，供不應求」、「我們是大品牌，電視上都有廣告，值得信賴」……說實話，他的口才不差，從品質講到銷路，又從智慧型功能講到服務，直把自家產品誇得美如花。但是，我卻不耐煩地打斷了他的話：「很抱歉，先生！我知道你的產品很好很暢銷。但是它真的不適合我，我完全不需要。」

這位售貨員愕然，只能尷尬地笑笑，然後訕訕離去。

接著，我來到另一家家電品牌店，售貨員卻是另外一種情況。他是怎麼做的？我們來看：

在向我介紹自家的冷氣時，這位售貨員先詢問的是我需要什麼樣的款式和等級。當我提到是打算幫父母購買時，他提議最好選擇靜音冷氣：「老年人睡眠很淺，容易被吵醒。而靜音冷氣聲音極小，人體是基本感覺不到的，完全不會影響到老人的睡眠。」說完，他便推薦了一款超靜音冷氣。

我有些猶豫，因為價格偏高，這時售貨員又進一步仔細地為我分析這款冷氣所帶來的潛在利益：「雖然這款冷氣目前看有些偏貴，但是特別省電，一小時不到一度電。這樣，每個月就能省出不少錢。我們的冷氣通常品質保證十年，十年下來，

第九章　說服：如何讓「No」變成「Yes」

您省出來的錢幾乎可以再買一臺新冷氣，多划算。」

我有些心動，但仍有一絲顧慮，這時售貨員又進一步解釋道：「現在的冷氣大多都是智慧型機器，功能齊全，按鍵也多，但是老人用起來會比較費力。為此，我們的遙控器上設定了一鍵『自動模式』，您只需要按下這個按鍵，不需要其他設定和操作，冷氣就能進入自動調節模式，根據外界溫度，自動選擇製冷還是製熱；根據室內溫度，自動控制風機的轉速，以盡可能達到室內恆溫的目的。這樣，家中父母就能安全健康地度過炎夏了，您也就能安心一些，是不是？」

這些話，就像是絲絲甘泉，沁入了我的心裡。結果是，我認為他是一個值得信賴的人，毫不猶豫地購買了他的產品。

我們來分析一下，這兩個售貨員失敗和成功的原因，各出在什麼地方。沒錯，第一個售貨員的口才是很好，但很遺憾，他在還沒有弄清楚我的需求的情形下，就開始貿然推銷自己的產品。你說得再好，也一直只是在誇讚自家的產品和服務，他只關心自己的目的，卻沒有關心我的目的，沒有考慮到我需不需要，到底能為我帶來什麼價值。如此，他怎能說服我，焉有不失敗之理？

為什麼第二個售貨員就能成功？很顯然，他敏捷地捕捉到了我的真實需求，進而在這些需求上推銷自己的產品。他很關心我的實實在在的目的，考慮到老年人使用中的各種問題，

提到靜音、節能、簡單操作等方面,讓我切實感受到:這個人,是真心實意地在為我的利益著想。這樣的業務員,自然值得信賴。

人與人之間交流,不管在任何時候,內心深處都非常關心自己。換句話說,你的目的,永遠是最重要的。將心比心,你是這種心態,那麼你想要說服的對象,也是這種心態。這種心態,永遠是每個人最基本的心理需求。講到這裡已經非常明朗了。你關心自己的目的,你想要說服的對象也關心自己的目的。

當你比對方更關心他的目的,說話說到別人心坎裡去。這就好比,他打瞌睡的時候,你適時地拿來了枕頭;他燥熱的時候,你悄悄地遞過了扇子。你的舉措,恰如其分地滿足了對方,當然也就能贏得對方的好感和信任,你想要說服他豈不是水到渠成?這時,作為說服者的你應該給予自己掌聲:「真棒!說服成功了。」

「催眠式」說服術,讓對方不知不覺接受

之前,我在朋友推薦之下看過一個名叫「言詞的魔力」的日本節目。這是一個收視率極高的節目,據知節目主持人是一

第九章　說服：如何讓「No」變成「Yes」

位從事「催眠言詞」的教授，他多次在節目中強調說：「只要懂得運用催眠話術，任何人都可以把對方操縱自如。」對這一說法我曾有過質疑，但如今相當同意。

到底什麼是催眠？催眠是讓人睡覺嗎？相信這是我們大多數人的第一反應，其實並不是如此。催眠不是真的把我們弄睡著了，而是指用各種心理學的技術，讓我們進入一種狀態。在這種狀態裡，我們對他人的暗示特別容易接受，進而改變自己原有的認知、想法，並採取相應的行動。

在日常生活中，大部分人都有被人催眠的經歷。比如，你和朋友一起去逛街，試穿了一條根本不適合你的裙子，但是所有的人都說好看、合適，那麼你就會被催眠，從而買下這條並不適合你的裙子！當然，這是一種比較淺顯、直接的催眠，真正的高級催眠通常表現在說服之中。

一個說服高手可以不知不覺地對別人催眠，讓別人跟著自己的節奏走，從而實現自己想要實現的目的。

堂哥在一個社區的入口有兩家對開的早餐店，路南和路北兩家店每天的顧客看起來相差不多，都是川流不息，人山人海的。然而，據堂哥說，每天結算的時候，路南的早餐店總是比路北的早餐店少幾千元的收入，而且天天如此。這是為什麼呢？堂哥很是納悶，一番探訪，問題原來是出在服務生的詢問中。

走進路南的早餐店，等顧客點完早餐後，服務生會微笑著問道：「請問，你要不要加一個雞蛋？」如果顧客說加，那麼服務生就幫顧客加入一個雞蛋。顧客有說加的，也有說不加的，大致各占一半；走進路北的早餐店，服務生也是微笑著迎上前，問道：「加一個雞蛋還是兩個雞蛋？」這樣，愛吃雞蛋的顧客就說加兩個雞蛋，不愛吃雞蛋的顧客就會說加一個。也有的顧客要求不加雞蛋，但是很少。一天下來，路北的早餐店要比路南的早餐店多賣出一倍以上的雞蛋，收入自然會多些。

　　事情有時就是這麼奇妙，都是加雞蛋，「加不加雞蛋」和「加一個雞蛋還是加兩個雞蛋」所引發的消費結果卻大相逕庭。路南的早餐店不問對方要不要加雞蛋，而是把「加一個雞蛋還是兩個雞蛋？」丟擲來讓顧客去選擇，這樣就會讓顧客從「要加雞蛋」、「不要加雞蛋」的選擇中，轉變為「加一個雞蛋還是兩個雞蛋」的選擇，再沒有其他什麼選擇的餘地，就能增加推銷的成功率。

　　這種技巧的關鍵在於，你讓對方選擇的兩個東西，都是你所期望的。

　　為什麼這麼說呢？表面看來，「你選擇這一個，還是那一個？」只是一句簡單的問句，但實際上這卻是一種製造別無他選的困境的「催眠」戰術，它的要點就是向人提供有且只有兩個選擇，就可以達到一種普遍的認同，再沒有其他什麼選擇的

第九章　說服：如何讓「No」變成「Yes」

餘地，只能二選一，最終選擇其中較好的那一個。

不相信嗎？那問你一個問題：「假如你現在口渴了，你是喝可樂呢，還是喝雪碧呢？」請迅速說出你的答案。你是不是會拿可樂和雪碧比較一下，然後決定自己到底喝什麼。你忘了吧？你還可以選擇礦泉水、奶茶或者乾脆什麼也不喝。瞧，人是很容易被候選項目「迷了心智」的。

在購物中心，我曾中意過一款售價一萬多元的實木床，但礙於價格偏貴，一直沒有入手，但每次路過時都要看上幾眼。

這天，我又情不自禁地走過去，售貨員是個很面生的人，是新來的售貨員。她可能看出來我對這張實木床的喜愛之情，熱情地招呼說：「這張實木床，不僅結實還耐看、耐用，只要每天三十元就可以買到。」

聽到這句話，我愣住了，到底是怎麼一回事，賣場做活動也不可能這麼便宜。

這時，售貨員立刻接上一句：「我們這張實木床一萬多元，拿一年時間來算的話，一個月才花一千元，每天三十元就夠了。可是你能享受的是舒適安眠的每一天。」

一開頭說「一張床售價一萬多」，這是一般的說法，而把這種敘說轉化為「每天三十元」，如此引起對方的意外感，接著把對方「引君入甕」——這就是催眠言詞的魔力。

可以說，真正高級的說服是潛移默化的，讓對方慢慢地跟

著你的想法和節奏,並且認同你的想法。當對方心甘情願地接受你的想法時,那麼你就達到了催眠的效果。

巧用激將法,讓對方心甘情願行動

大學入學時,我們曾做過一次綜合性的體能測試。期間,女生有一項「立定跳遠」測試,考試標準是一百五十公分達標。測試進行得很順利,基本上每個女生一次就能通過,可是偏偏有一個女生就是不跳。

這個女生長得胖胖的,她不跳的原因就是因為身體肥胖,不想讓別人看到自己跳的時候那種笨拙的樣子。年輕的體育老師耐著性子苦苦勸說:「只要你跳了,不管跳得怎麼樣,都算及格。」可是這位女生就是不敢跳。

最後,這位老師覺得沒輒了,就說道:「算了,我也不勸了,我知道,無論怎麼樣,反正你都是跳不過去的。」

女生一聽,閉著眼睛,使勁地往前一跳,結果跳過了合格線,還比很多同學的成績還好。

這位胖女生不是沒有能力,她遲遲不跳是自尊心作祟,因為不想讓同學們看到她立定跳遠的時候那笨拙的樣子。體育老師苦苦勸解卻沒有發揮任何作用,最後無意中的一句刺激的語言,卻激起了女生的好勝心和自尊心,從而達到了目的。可

第九章 說服：如何讓「No」變成「Yes」

見，激將法會替我們勸導對方帶來很大的幫助。

所謂「激將法」，激起的是對方的憤怒感、羞恥感、嫉妒感，是利用人們的自尊心和反抗心理，從相反的角度「刺激」對方，使對方情緒衝動，心甘情願改變原有反對你的主意。這時候，在對方心裡，他要做的事情不再是你對他要求的事情，而是他要證明自己必須去完成的事情。

我曾在雜誌上讀過一則故事，或許就是最好的說明。

任美國紐約州州長的阿爾・史密斯（Al Smith），曾遇到過一件非常棘手的事情。原來，魔鬼島以西最臭名昭彰的新新監獄缺少一名典獄長，只有鐵腕人物才可以勝任這個工作。經過幾番斟酌，史密斯選定了路易斯・勞斯（Lewis E. Lawes）。

「去管理新新監獄怎麼樣？」史密斯問被召見的勞斯。

勞斯知道這項任務的艱鉅性和危險性，他一口回絕了：「不！那種鬼地方沒人願意去！」

史密斯笑道：「害怕了？年輕人，我就知道你會這樣。不過，我不會怪你，真的。要知道，這本來就是一個困難的職位，那裡需要一個有經驗的人去做典獄長，需要一個真正勇敢的人來挑起擔子做下去！」

勞斯被刺激到了，他抬起頭來說：「我不知道我能不能做好，但是我一定要試一試。」

史密斯站起來，拍拍勞斯的肩膀說：「哦，你答應這份任

職了嗎？不過我要說句實話，對你來說要想管理好新新監獄，可不是一件容易的事情。如果你只是想試一試的話，我想結果猜想不會多好⋯⋯」

「不，我一定會做好的。」勞斯堅決地接受了這份任命，一到新新監獄他就進行了各個方面的改革。最後，勞斯幫助很多罪犯走上了重新做人的道路，成了當時最負盛名的典獄長，成功地創造了一個奇蹟。

人就是這樣的奇怪，苦心的勸說往往發揮不了作用，刺激他的自尊心卻能得到想要的結果。

世界上的人，形形色色什麼樣的都有。有的人可能「敬酒不吃吃罰酒」，你和他擺事實、講道理就是行不通，你說破嘴皮他也不願聽從，甚至一意孤行；他認定一個死道理，硬往牛角尖裡鑽。這時，你不妨用言語來刺激他的自尊心，巧妙地將他一軍，使其情緒激動起來，然後使他在無意識中受到你的操控，去做你想要他做的事。這樣，你就等於牽住了牛鼻子，想讓他往哪裡走，只要輕輕一拉就行了。

當然，在使用激將法的過程中，建議針對對象的性格特點和所處的客觀情況，靈活實施。據我觀察，對那些膽子比較大、爭強好勝、又死要面子的人採用激將法，效果會很明顯。而對於原本就比較膽小自閉的人，則要慎用，更不能貶低對方的尊嚴，以免打擊他們的積極度，激將法就無用了。

第九章　說服：如何讓「No」變成「Yes」

說服不是爭辯，更不是吵架

洪軒在一家科技公司做行政經理，平時工作也算是勤奮，幫助同事們和上級打點了很多瑣碎的事情。可是，行政這個部門就是這樣，平時只是做些服務其他部門的事情，看不出來什麼突出的業績和貢獻。所以，洪軒在公司做了好幾年了，也沒有得到老闆的青睞，升遷和加薪也不是太理想。這讓洪軒心裡有些不舒服，心想：雖然說我沒有為公司帶來什麼豐厚的利潤，可是沒有我們部門的積極配合和服務保障，什麼技術部門和業務部門能安心地做業績嗎？公司能夠正常運轉並發展得這麼好嗎？於是，他決定和老闆談一談，希望老闆能夠替自己加薪。

第二天早上，洪軒趁老闆空閒的時間，敲開了老闆辦公室的門。當老闆問他有什麼事情的時候，他小心翼翼地說：「老闆，我已經來公司幾年了。我們部門雖然沒有突出的貢獻，可我自認為工作認真，也為公司用心出力。可是，近幾年來，我的薪酬待遇都沒有什麼大的調整，所以，您看是不是應該考慮一下這方面的問題？」

聽了洪軒的話，老闆皺了皺眉頭，說：「我知道，你這幾年工作非常認真，而且我對你的表現也很滿意。」聽了老闆這話，洪軒臉上出現了笑容，覺得加薪已經沒有問題了。可令他沒有想到的是，老闆竟然話鋒一轉，說出了令他震驚的

話——「可你知道，現在經濟不好，我們公司的業績也不算好！所以，我和幾個副總正在商量，是否要撤銷這個部門，把它和人事部門進行合併。」

老闆的話還沒有說完，洪軒立刻火冒三丈了，大聲地喊道：「什麼？公司要撤掉我們部門？你們憑什麼這麼對我！」

雖然洪軒的話有些不敬，可老闆並沒有生氣，而是開始安慰洪軒：「你先不要著急，我們也是出於多方面的權衡……」

可洪軒已經被憤怒沖昏了頭腦，更不顧及什麼老闆和下屬的關係了，他說：「你都已經決定裁掉我了，我怎麼冷靜！今天我是和你談加薪的，結果卻被裁員了！我怎麼能冷靜！不行，你必須給我一個交代！」洪軒生氣地說著，甚至還拍起了老闆的桌子，「公司裡各種瑣碎的雜事哪一個不是我們行政部做的，我們辛辛苦苦為公司做了這麼多年，你們竟然這樣對我們，真是令人心寒……」洪軒企圖用爭吵來為自己討個公道，說服老闆。結果，這一番吵鬧引來了很多同事圍觀，公司效益不好、想要裁掉行政部門的消息也傳播開來，以至於鬧得所有人人心惶惶，老闆和幾個副總花了很大的心思才把人心穩定下來。最後，行政部門和人事部門合併了，而洪軒也不得不離開了公司。可事實上，老闆和幾個副總雖然有意合併部門，卻沒有裁掉洪軒的意思，還打算讓他做行政副總。

洪軒的初衷是加薪，這初衷是沒有錯的，為什麼最終卻沒有獲得老闆的認可呢？這一切都是因為他的情緒失控了。當他

第九章　說服：如何讓「No」變成「Yes」

忘掉原本的初衷，並且開始情緒失控，把說服變成了爭吵時，那麼他和老闆交流的大門就關上了，其結果自然也只能向更壞的方面發展，不但沒有獲得加薪，還失去了工作。

試想，即使老闆真的有撤銷行政部門的意向，如果洪軒能夠平心靜氣地聽老闆把話說完，讓他知道自己的價值、行政部的價值，並且真誠地對老闆說：「我理解公司的困難，也相信我們能夠一起度過難關。不過，我們行政部門確實付出了很多，您是否再考慮考慮，不要裁掉我們部門？」這樣一來，老闆怎麼能忍心裁掉這個部門？而在情況好轉之後，怎麼不會替洪軒以及所有行政人員升遷加薪呢？

在說服他人的過程中，我發現，有些人一旦聽到對方說了觸及利益的話，或是不好聽的話，就會像被點燃了的鞭炮一樣，與對方爭吵起來，並且很難控制自己的脾氣。如果遇到脾氣好的人，或許還好些，也就是不理會你的爭吵，選擇拂袖而去；可一旦遇到了同樣脾氣暴躁的人，那麼一場衝突就在所難免了。

殊不知，說服是一種溝通方式，目的就是為了使得雙方達成一致。如果你不能控制自己的脾氣，動不動就和別人吵架，那麼你說服對方的目的該如何實現呢？

不管遇到什麼情況，不管要說服的對象是誰，我們一定要了解到這個問題：說服不是爭論，更不要因為無法控制自己

的情緒,把它升級為一種無意義的吵架。想要成功地說服別人,一定要控制好自己的情緒,只有以和為貴,溫和說話,我們才能更好地與人溝通,才能達到最終的說服目的。

當我還是一個涉世未深的年輕人時,我總是熱衷於說服那些和自己意見不同的人,並為此與人爭論不休,樹敵不少,後來父親告誡我說:「無禮地與人爭論,只會致使對方盡力反擊,誰都不服誰,誰也不會贏。也許偶爾你能獲勝,但那是沒有意義的獲勝,因為你永遠得不到對方的好感。」這番話對我產生了極大的影響,從此之後,假如有人提出某些主張,而我認為是錯的,我不再粗魯地與他們爭辯,也不會過於強調自己的意見。相反地,我會控制自己的情緒,以溫和的口吻給予回應。

結果,經過這樣的改變後,我發現受益頗多。和人交談時,由於我的情緒總是很穩定,而且採取一種溫和的口吻,交談氣氛顯得明顯愉快多了,我們不再把對方當作對手或敵人,而是當作平等的夥伴。如果我是錯的,別人也會以一種溫和的口吻和我說話,而不會有人攻擊我而使我受辱;而在我對別人錯的情況下,別人在接受我的意見時也不會發生爭論,如此則更容易說服別人。儘管我不擅長演講,口才也不算好,但我的話總是有分量,也能夠贏得人們的贊同。

人永遠需要兩種能力,好好說話和情緒穩定。

第九章　說服：如何讓「No」變成「Yes」

在我認為，一個人能否好好說話和情緒穩定，是素養和教養的本質表現。好好說話，不妄言。說話前情緒穩定，真心誠意考慮對方的感受，不與他人進行口舌爭鋒，更不要咄咄逼人。即使內心波濤洶湧，但說出來的話依然溫和而不傷人，和這樣的人在一起會感覺到由衷的踏實與舒服，自然令人心服口服。

循序漸進，讓對方自然點頭

人是一種本能動物，在人際互動中，我們心中往往會本能地替自己砌上一道牆，因為害怕自己遭受某種不確定的損失。所以，有時無論我們怎麼努力地遊說，有些人就是絲毫聽不進去。此時，如果我們繼續一味地施壓，只能讓對方產生反感或牴觸情緒，進而將自己保護得更好，說服便難上加難。

這一結論，源自我育兒中的所悟所得。

小時候，兒子精力十分旺盛，簡直像匹小野馬。整天喜歡瘋跑，一開始我總在身後追趕，還嚷著「不要亂跑」、「不要玩了」，但一遍又一遍的嘮叨沒發揮作用。於是，一氣之下就會吼罵兒子，有時還會大打出手。結果時間一長，兒子真的越說越不聽話，甚至還學會了頂嘴。

> 循序漸進，讓對方自然點頭

為此，我和另一半深感頭痛，到底該如何教育孩子呢？

一位從事教育行業的朋友得知情況後，告訴我：「和孩子溝通的時候，也是一個技術工作。方法稍微用不對，孩子就會越來越不聽話。其中『不要⋯⋯』是最容易激起孩子的反抗心理的說話方式，更是最無效的溝通方式。孩子擁有無限的好奇，你越是不讓孩子去做的事，孩子就越會去做。」

聽聞，我有所感悟。

「這種溝通方式一定要及時改正，」朋友繼續說道，「跟孩子溝通的方式不同，達到的效果也就不同。而好的溝通方式，不但能夠讓父母省心，還有利於孩子健康成長。」「如何做？」我迫不及待想知道答案，追問道。

「解決這種情形最有效的辦法，就是循循善誘，及時根據當時的情況來分析原因，跟孩子講的道理應有條不紊、合情合理，不能信口胡言，也不能苛求孩子。這是一種與孩子開放的溝通方式，會讓孩子感到足夠安全，也讓他能夠主動與你分享他的感受，尊重你作為父母的地位。」

無論是親子溝通，還是人際溝通，溝通能否成功是由講話者能否給予對方信賴感所決定的。信賴感的產生過程就是逐步走進他人內心的過程，因此，我們在扭轉他人想法時，與其一味地向對方灌輸自己的想法，不如採取一種循循善誘的方式，有條不紊地向對方闡述觀點，走進對方心靈深處。

第九章　說服：如何讓「No」變成「Yes」

生活中，我遇到過不少保險業務員，從心裡相當反感和牴觸，因為他們通常會一見面就發動猛烈攻勢，熱情地介紹著保險品種，並且總是喜歡說「如果被保人身故了，將可以得到多少保額」之類的話，這讓我感覺很不舒服，所以經常因為實在無法忍受而打斷對方：「我一點也不需要，再見！」

直到一天，我竟然和一個推銷保險的小女生聊了三個小時，最終還買了一份保險。

無疑，這是一個精采的銷售故事。內容簡單摘錄，如下：

女孩：「先生，我想請教您一個問題。一個人一輩子再有本事，兩件事無法控制：那就是疾病和意外！對吧？如果在人生的旅途中可能遭遇三種不幸的事故——失業、殘廢、死亡。依您的看法，哪一項是最嚴重、最可怕的？」

「當然是殘廢了！」我毫不猶豫地回答，「本來是一個好好的正常人，突然變成殘疾了，那心理上一定很痛苦。而且殘廢之後，通常就上不了班了，沒有收入，怎麼生活？怎麼養家？如果生活能自理還好一點，不能自理的話，還需要各方面的照顧，比如醫療、家人看護，生活方式將徹底改變。」

「的確是這樣，」女孩微微一笑，接著說道，「據我所知，當一個人殘廢之後，他只能依賴四種經濟來源，依賴家人、依賴朋友、依賴社會福利、依賴保險。假如您可以自主選擇的話，請問您會選擇哪一種？」

說實話，我是一個獨立慣了的人，沒想過依靠別人，所以

循序漸進，讓對方自然點頭

一時無法作答。女孩：「我有一個好建議，供您參考，最好選擇保險！」

我：「為什麼？」

「在許多大災難前，我們往往無能為力，」女孩嘆了一口氣，「您想，殘疾了得治療吧，家裡再有錢，一下子支出一大筆錢，家人以後得省吃儉用吧，生活品質明顯下降；家裡沒錢的話，就算人緣好，能借到錢，面對一大堆經濟和人情債務，誰心裡能好受？靠社會保險，給多少是多少，您覺得有尊嚴嗎？」

這些都是實話，讓我聽得莫名的辛酸……

女孩：「一個人無論發生什麼變故，都不能喪失尊嚴。您說是吧？」

見我微微點點頭，女孩又說：「保險是自己創造的，當您躺在病床上時，送您 1,000 元的可能是親戚朋友，送您 10,000 元的可能是兄弟姐妹，送您 50,000 元的是父母和子女，但送您 100,000 元、200,000 元、500,000 元……讓當事人安心治病，而且不用還的只有保險公司！從這個角度說，保險就是尊嚴。您同意嗎？」

我：……

當你想說服一個人時，靠的是喋喋不休的言談嗎？是「填鴨式」的猛烈攻勢嗎？當然不是。人是不能被說服的，人都是

第九章　說服：如何讓「No」變成「Yes」

要自己領悟的。但凡說話高手都不會強加任何觀點到別人身上，因為他們很清楚，強加是沒有用的，必須想辦法讓對方自己認可，這就需要透過循循善誘，一步步地去引導對方。

　　正如上述案例中，這位保險員並沒有一味地向我推薦保險，而是透過不顯山不露水的提問，巧妙地融入了自己的業務，並進而做出深入的剖析，讓我了解到保險的重要性，刺激了我對保險的需求，很值得學習和應用。

　　當然，循循善誘看似簡單，但妙處在有層次、有方法，環環相扣，引人入勝。談話之前是需要經過深思熟慮的，第一句該怎樣說？對方能怎麼回答？接下來應該怎樣問？每一步環環相扣，才能誘使對方掉進早已設好的「陷阱」，在心理上接受、認同你所說的話，進而獲得理想的說服效果。

借力打力，讓說服變得無往不利

　　我曾看過某電視臺的一集相親節目，一位男性來賓問一位女性來賓：「女孩通常都喜歡甜品，那在選男朋友時，你喜歡甜甜的男生還是強壯的男生呢？」

　　女性來賓毫沒猶豫地回答：「我喜歡強壯的男生帶給我甜甜的感覺。」

女性來賓一句話，引得在場觀眾掌聲雷動，大家都佩服女性來賓的睿智。

男性來賓知道自己吃癟了，再次向這位女性來賓提問：「如果兩臺電腦的配置差不多，你會選擇大款還是小款呢？」

女性來賓回答：「選擇小款。」

男性來賓立即追問：「那選擇男朋友你為什麼不選小款的呢？你這不是自相矛盾嗎？」

現場觀眾都為女性來賓捏了一把汗，連主持人都擔心女性來賓沒法回答，那將多麼尷尬。

女性來賓卻非常從容，笑了一下說：「電腦選小的，因為是我要保護的；男朋友選大的，因為是要保護我的。」

這一回答，令男性來賓無話可說，也再次引來如潮的掌聲。

你是否也想為這位女性來賓鼓掌呢？反正我是很想鼓掌的。她回答得太好了，她用男性來賓發來的招數，回敬給男性來賓，結果輕輕鬆鬆說服了對方。如果女性來賓和男性來賓展開辯論，證明為什麼選強壯的男生好，我想最後男性來賓的勝算會大些，畢竟在相親這類節目中男生說話顧慮相對少些，是很有優勢的。

在說服過程中，我們可以巧妙地利用對方的話來為自己服務，即在對方已經說出某句話的情況下，我們可以藉助這句話

第九章　說服：如何讓「No」變成「Yes」

的意思，或者按照對方的說話邏輯，巧妙地表達自己想說的內容。這不僅可以避免讓氣氛變得尷尬，還可以有效地說服對方。更重要的是，這比滔滔不絕的說服更有效！

請注意，在這裡我們追求的不是攻擊的鋒芒，而是攻擊的力度。也就是說，要善於抓住對方的話語，哪怕只是簡單的一句話、一個比喻、一個結論，你都可以拿來為我所用。關鍵是，要冷靜考慮對策，從中選出反擊力度的最佳方案，找準打擊點，給予對手有力的一擊，變守勢為攻勢。

為了更清楚地說明，我再舉一個十分典型的例子：

一家公司經過了十幾年的發展，逐漸成了全國乃至整個東亞最具有實力的綜合性加工企業。最近，這家公司的發展勢頭更是非常迅速，其產品已經熱賣海內外，成了業內的佼佼者。可這時候，公司卻連續傳來了不好的消息：一個月內，多名員工因為無法承擔龐大的壓力而選擇自殺。這一連續性的自殺事件很快就引起了大眾和社會的關注，眾多媒體也紛紛介入調查。

很快，人們就聽到了這樣的聲音，「公司制度非常嚴格，管理人員只下命令，除此之外不會和員工有任何交流」、「員工不能犯一點點錯誤，否則就要受到嚴重的懲罰」、「公司管理毫無人情可言，所有人都必須嚴格按照規章制度辦事」、「員工即使是生病了，也不能請病假，更不會得到管理者的關心」……而這些聲音的發聲者就是該公司的普通員工。一時間，該公

司處於輿論的漩渦之中，所有人都譴責他們「沒人性」、「太苛刻」，使得公司形象一落千丈，業務也受到影響。

為了挽回公司的聲譽和效益，該公司高層召開了新聞記者會。可在記者會上，一位高層面對記者們的質問，竟然沒有絲毫的歉意。這位高層振振有詞地說：「竟然有些人說我們公司『沒有人性』，說我們是黑心公司。說這些話的人有證據嗎？我們絕對有權利起訴他們！我可以明確地告訴所有人，我們公司從來沒有違反過國家的法律法規，並且嚴格遵守了勞動法。我們從來沒有拖欠過員工薪水；我們從來沒有強迫員工加班，即使是節假日加班，也按照法律的規定，給予員工們雙倍、甚至多倍的薪水。我們更沒有限制員工的自由，如果有誰不想留下來，隨時都可以辭職離開！」

雖然這位高層的話從表面說沒有一點錯誤，沒有人為關懷確實沒有觸犯到法律。但是這樣的企業管理和現場表態怎能讓人接受呢？這麼多鮮活的生命逝去了，難道說企業管理層就沒有任何過錯嗎？難道就不應該追責嗎？一時間，現場的記者都氣憤不已，這時一位記者站了出來，義正詞嚴地說：「你說得沒錯，你們確實遵守了國家的法律法規。但是我想問問您，難道企業管理者就沒有任何錯嗎？」

這位記者緊緊地盯著這位高層，繼續說：「我們打個比喻，如果一個女人嫁給一個男人，男人履行了做丈夫的責任，給她吃、給她住的地方，給她豐厚的生活，並且還給她足夠的

第九章 說服：如何讓「No」變成「Yes」

自由。但是在這幾十年內，男人卻從來不和她說一句話，即使是她生病了也沒有一句關心。按照你們的邏輯，這個男人沒有違反婚姻法，但是你能說他是一個好丈夫嗎？他沒有任何的錯誤嗎？如果是你，你願意生活在這樣的家庭嗎？如果這位女士選擇了自殺，那麼你也覺得這個丈夫沒有一點責任嗎？」

這位記者的提問贏得了現場所有人熱烈的掌聲，也使得那位高層啞口無言。最後，這家企業的高層不得不承認自己的失誤，並且承諾給予受害者家屬和大眾一個滿意的答覆。

我們可以看出來，這家公司高層所說的話表面上是有道理的，可實際上卻是狡辯，想要用這種方式來逃避所應該承擔的責任。而這位記者是聰明的，他運用了對方的道理和邏輯，借題進行發揮，讓其向著有利於自己的方向發展，不失風度地、有效地反擊了對方，並且讓對方無話可說。

曾有人說過這樣一句話：「用對方的想法打敗對方，是最高明的溝通術，能掌握這種溝通方法的人，是真正的心理操控大師。」

聰明的你，如果陷入了說服的困局，那麼不妨使用這種借力使力的方式，以其人之道還治其人之身，相信沒有誰不能被你說服的，也必將被你的修養所折服。

借力打力,讓說服變得無往不利

國家圖書館出版品預行編目資料

高情商的人不講廢話！真正的高手都這樣說話：低調不失分寸，幽默卻不傷人！告別尷尬冷場，用有溫度的對話技巧贏得好人緣與好機會 / 麗莎 著 . -- 第一版 . -- 臺北市：財經錢線文化事業有限公司 , 2025.02
面；　公分
POD 版
ISBN 978-626-408-169-6(平裝)
1.CST: 溝通技巧 2.CST: 說話藝術 3.CST: 人際關係
177.1　　　114001536

電子書購買

爽讀 APP

高情商的人不講廢話！真正的高手都這樣說話：低調不失分寸，幽默卻不傷人！告別尷尬冷場，用有溫度的對話技巧贏得好人緣與好機會

臉書

作　　者：麗莎
責任編輯：高惠娟
發　行　人：黃振庭
出　版　者：財經錢線文化事業有限公司
發　行　者：崧燁文化事業有限公司
E - m a i l：sonbookservice@gmail.com
粉　絲　頁：https://www.facebook.com/sonbookss/
網　　址：https://sonbook.net/
地　　址：台北市中正區重慶南路一段 61 號 8 樓
8F., No.61, Sec. 1, Chongqing S. Rd., Zhongzheng Dist., Taipei City 100, Taiwan
電　　話：(02) 2370-3310　　傳　　真：(02) 2388-1990
印　　刷：京峯數位服務有限公司
律師顧問：廣華律師事務所 張珮琦律師

-版權聲明-
本書版權為樂律文化所有授權財經錢線文化事業有限公司獨家發行電子書及紙本書。若有其他相關權利及授權需求請與本公司聯繫。
未經書面許可，不可複製、發行。

定　　價：375 元
發行日期：2025 年 02 月第一版
◎本書以 POD 印製